Valentin Kirschgruber

Magisches Weihnachten

kailash

VALENTIN KIRSCHGRUBER

Magisches Weihnachten

Von der tiefen spirituellen Kraft des heiligen Fests

kailash

Inhalt

Magisches Weihnachten

Davor, dabei und danach

Freuet Euch!

Warum Weihnachten ein Grund zum Feiern ist

Wenn die Tage dunkler wurden und der Schnee Hof und Wald bedeckte, begann eine geheimnisvolle Zeit, die nicht nur für uns Kinder der Höhepunkt des Jahres war. Weihnachten nahte! Kaum waren die Sommerferien vorbei gewesen, hatte das lange, sehnsüchtige Warten auf die Weihnachtszeit begonnen – zuerst kaum merklich; das Farbenwunder des Herbstes, die Spiele im Wald, all das überstrahlte zunächst noch die Erwartung des größten Festes. Doch spätestens im November, wenn meist schon der erste Schnee fiel, mit Allerheiligen und mit Martini, dem Fest des heiligen Martin am 11. November, begann die Vorfreude merklich zu wachsen.

An Martini endet ja das bäuerliche Jahr – viele Dinge, die mit der Landwirtschaft zu tun haben, werden nun abgeschlossen. Das Vieh wird von der Alm abgetrieben und kommt in den Stall, der erste Wein des Jahres wird verkostet … Bei den Landwirten begannen oder endeten früher an diesem Tag üblicherweise Verträge: Dienstboten, Knechte und Mägde wurden eingestellt oder entlassen, und vor allem Landpachtverträge hatten Martini als Anfangs- oder Endtag. Das ist selbst heute noch so, denn die Zeit um Martini ist eben das natürliche Ende des Arbeitsjahres für die Landwirte – es gibt zwar immer noch genug Arbeit, aber eben doch deutlich weniger. Früher war Martini auch der »Zinstag«: Die Steuern und die Entrichtung des »Zehnten« waren an diesem Tag fällig.

Stadtmenschen kommt das alles wahrscheinlich etwas antiquiert vor. Aber das Landleben war (und ist) eben viel naturverbundener und in vielerlei Hinsicht ehrlicher; auch wenn es körperlich manchmal hart war.

Doch zurück zu Martini: Für uns Kinder, aber wohl auch für viele Erwachsene waren die Feste dieser Zeit besonders wichtig. Kinder sind ja von Festen immer begeistert – und das Kind im Erwachsenen natürlich auch. Jetzt war die harte Arbeit mit der Ernte und dem Vieh vorbei, und es gab mehr Zeit zu feiern. Eine besondere Gaudi waren die Martinsfeuer – ein Vorgeschmack auf das nun immer näher rückende Fest des Lichts. Nur noch drei Wochen, bis der Advent begann. Nur noch vier Wochen bis zum Nikolaustag! Und dann, endlich, endlich, das lang ersehnte Weihnachtsfest.

Bei uns gab es damals fast immer eine weiße Weihnacht – weil unser Hof auf über 800 Metern Höhe lag und das Klima diesen Zauber noch nicht zunichtemachte. Und Weihnachten, Winter, Schlittenfahren, Abenteuer im verschneiten Wald, Geschichten abends in der kaminbeheizten Stube, Märchen, Sagen und Erzählungen, die meist Großvater vortrug, Geselligkeit und Besinnlichkeit, Kirchgänge und Feiertagsrituale – all das gehörte zusammen und wirkte den Zauber, der mich auch heute noch tief berührt, wenn ich an Weihnachten denke. Der Klang von Glöckchen, der Geruch von Zimtsternen, auch das Knirschen des Schnees unter den Füßen im Wald – all das ruft auch heute noch sofort ein warmes Gefühl in meinem Herzen wach und verbindet mich mit dem Weihnachtszauber meiner Kindheit. Ich höre die Stimme meiner Großmutter, die uns allerlei Rituale lehrte, und das Raunen meines Großvaters, wie er ein Märchen erzählt und wir Kinder uns dabei wohlig gruseln.

Den meisten Menschen, die mit den christlichen Bräuchen aufgewachsen sind, selbst wenn sie keine Christen sind, geht es sicher ebenso: Weihnachten ist eine ganz besondere Zeit.

Die christliche Weihnachtsgeschichte

Zu Weihnachten und ganz besonders zum Heiligen Abend gehört unbedingt die Weihnachtsgeschichte. In ihr offenbart sich viel von dem Zauber dieses Festes der Ankunft des Lichts. Natürlich kannten wir schon als kleine Kinder die Geschichte – schließlich wurde sie jedes Jahr in der Kirche vorgetragen, und Großvater erzählte sie daheim mit seiner volltönenden Stimme, um die ihn so mancher Schauspieler beneidet hätte. Auch wenn er ganz leise raunte, erfüllte seine Stimme doch die ganze Stube.

Und da die Weihnachtsgeschichte so sehr zum Weihnachtsfest gehört, möchte ich sie natürlich auch hier erzählen – ganz traditionell nach der Lutherbibel. Leider nicht mit der Stimme meines Großvaters – die muss man sich dazudenken.

Jesu Geburt

Es begab sich aber zu der Zeit, dass ein Gebot von dem Kaiser Augustus ausging, dass alle Welt geschätzt würde. Und diese Schätzung war die allererste und geschah zur Zeit, da Quirinius Statthalter in Syrien war. Und jedermann ging, dass er sich schätzen ließe, ein jeder in seine Stadt.

Da machte sich auf auch Josef aus Galiläa, aus der Stadt Nazareth, in das jüdische Land zur Stadt Davids, die da heißt Bethlehem, weil er aus dem Hause und Geschlechte Davids war, damit er sich schätzen ließe mit Maria, seinem vertrauten Weibe; die war schwanger. Und als sie dort waren, kam die Zeit, dass sie gebären sollte. Und sie gebar ihren ersten Sohn und wickelte ihn in Windeln und legte ihn in eine Krippe; denn sie hatten sonst keinen Raum in der Herberge.

Und es waren Hirten in derselben Gegend auf dem Felde bei den Hürden, die hüteten des Nachts ihre Herde. Und der Engel des Herrn trat zu ihnen, und die Klarheit des Herrn leuchtete um sie; und sie fürchteten sich sehr. Und der Engel sprach zu ihnen: Fürchtet euch nicht! Siehe, ich verkündige euch große Freude, die allem Volk widerfahren wird; denn euch ist heute der Heiland geboren, welcher ist Christus, der Herr, in der Stadt Davids. Und das habt zum Zeichen: Ihr werdet finden das Kind in Windeln gewickelt und in einer Krippe liegen.

Und alsbald war da bei dem Engel die Menge der himmlischen Heerscharen, die lobten Gott und sprachen: Ehre sei Gott in der Höhe und Friede auf Erden bei den Menschen seines Wohlgefallens.

Und als die Engel von ihnen gen Himmel fuhren, sprachen die Hirten untereinander: Lasst uns nun gehen nach Bethlehem und die

Geschichte sehen, die da geschehen ist, die uns der Herr kundgetan hat. Und sie kamen eilend und fanden beide, Maria und Josef, dazu das Kind in der Krippe liegen. Als sie es aber gesehen hatten, breiteten sie das Wort aus, das zu ihnen von diesem Kinde gesagt war. Und alle, vor die es kam, wunderten sich über das, was ihnen die Hirten gesagt hatten. Maria aber behielt alle diese Worte und bewegte sie in ihrem Herzen. Und die Hirten kehrten wieder um, priesen und lobten Gott für alles, was sie gehört und gesehen hatten, wie denn zu ihnen gesagt war.

Und als acht Tage um waren und man das Kind beschneiden musste, gab man ihm den Namen Jesus, wie er genannt war von dem Engel, ehe er im Mutterleib empfangen war.

Die Weisen aus dem Morgenland

Als Jesus geboren war in Bethlehem in Judäa zur Zeit des Königs Herodes, siehe, da kamen Weise aus dem Morgenland nach Jerusalem und sprachen: Wo ist der neugeborene König der Juden? Wir haben seinen Stern gesehen im Morgenland und sind gekommen, ihn anzubeten.

Als das der König Herodes hörte, erschrak er und mit ihm ganz Jerusalem, und er ließ zusammenkommen alle Hohenpriester und Schriftgelehrten des Volkes und erforschte von ihnen, wo der Christus geboren werden sollte. Und sie sagten ihm: In Bethlehem in Judäa; denn so steht geschrieben durch den Propheten (Micha 5,1): »Und du, Bethlehem im jüdischen Lande, bist keineswegs die kleinste unter den Städten in Juda; denn aus dir wird kommen der Fürst, der mein Volk Israel weiden soll.«

Da rief Herodes die Weisen heimlich zu sich und erkundete genau von ihnen, wann der Stern erschienen wäre, und schickte sie nach Bethlehem und sprach: Zieht hin und forscht fleißig nach dem Kindlein; und wenn ihr's findet, so sagt mir's wieder, dass auch ich komme und es anbete.
Als sie nun den König gehört hatten, zogen sie hin. Und siehe, der Stern, den sie im Morgenland gesehen hatten, ging vor ihnen her, bis er über dem Ort stand, wo das Kindlein war. Als sie den Stern sahen, wurden sie hocherfreut und gingen in das Haus und fanden das Kindlein mit Maria, seiner Mutter, und fielen nieder und beteten es an und taten ihre Schätze auf und schenkten ihm Gold, Weihrauch und Myrrhe.
Und Gott befahl ihnen im Traum, nicht wieder zu Herodes zurückzukehren; und sie zogen auf einem andern Weg wieder in ihr Land.

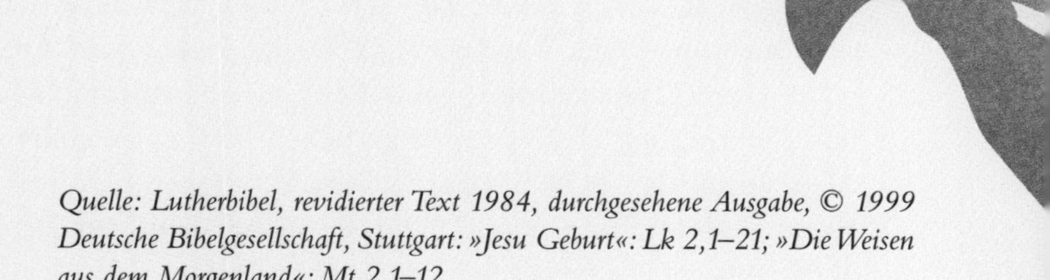

Quelle: Lutherbibel, revidierter Text 1984, durchgesehene Ausgabe, © 1999 Deutsche Bibelgesellschaft, Stuttgart: »Jesu Geburt«: Lk 2,1–21; »Die Weisen aus dem Morgenland«: Mt 2,1–12

Über den Sinn von Festen und Traditionen

Dieses Buch handelt von der Weihnachtszeit und ihren Festen. Viele schöne Bräuche und Traditionen wird man hier finden, Lieder, Gedichte, Sagen und Märchen, Anleitungen zum Basteln für die Weihnachtszeit und Interessantes zur Geschichte und zu den Ursprüngen des Weihnachtsfestes.
Doch ich möchte noch ein wenig darüber hinausgehen. Eine einfache Sammlung von Weihnachtsbräuchen ist sicher etwas Gutes. Nicht in allen Familien sind die alten Traditionen lebendig, manches hat man vielleicht vergessen – oder man möchte auch gern Altes neu beleben. Ich finde es aber ganz wichtig, auch über den tieferen Sinn alldessen zu sprechen und zu zeigen, dass das Wahren dieser Tradition weit mehr ist als ein einfaches »So hat man das immer schon gemacht«.

Warum feiern wir Weihnachten?

Warum feiern wir überhaupt Feste? Eigentlich feiern wir, wenn wir Christen sind, das Weihnachtsfest natürlich, um Jesu Geburt zu gedenken. Das ist jedoch nicht alles. Es beantwortet auch nicht die Frage, warum wir überhaupt Feste feiern. Aus purer Gaudi? Nun, warum nicht? Es ist ja sehr gut, fröhlich und guter Laune zu sein, Spaß zu haben und zu genießen. Aber warum haben sich manche Bräuche so lang gehalten? Wozu sind Traditionen gut? Sind sie in der heutigen Zeit überhaupt noch sinnvoll und angebracht?

Traditionen sind kein unnötiger Ballast. Hinter all unseren Traditionen, Bräuchen und Ritualen liegt ein tieferer Sinn. Um diesen Sinn zu erfassen, hilft es aber nicht, ein Ritual gedankenlos abzuspulen oder eine Tradition aus Pflichtgefühl weiterzuführen. Es gibt »heilige Zeiten« im Jahr, Zeiten, in denen unsere Seele besonders empfänglich für neue Impulse ist – und diese Zeiten sind nicht willkürlich festgelegt. Auch eines der größten Feste der Christenheit, Christi Geburt, das Weihnachtsfest, ist nicht rein zufällig auf die Zeit der Wintersonnwende gelegt worden. (Christus wurde übrigens nicht wirklich am 24. Dezember geboren. Doch darüber werden wir später noch sprechen.)
Ja, es gibt etwas Tiefergehendes, das alle großen Feste, alle heiligen Zeiten des Jahres widerspiegeln. Nicht selten sind es wiederkehrende Ereignisse in der Natur, zu deren Zeitpunkt die Feste stattfinden. Meist haben sie eine astronomische (nicht zu verwechseln mit astrologische!) Bedeutung. Was sie jedoch besonders auszeichnet, ist ihre Kraft, unsere Seele und unser Herz zu berühren. Sie gemahnen uns an unsere Aufgabe in dieser Welt: dass wir unsere Seele entfalten und entwickeln und das Wertvolle kultivieren. Und diese Aufgabe ist keine Bürde, die uns auferlegt wurde, sondern ein Geschenk und ein Quell der Freude. Und bei welchem Fest sieht man das wohl besser als beim Weihnachtsfest?!
Ich finde es sehr interessant, dass schon unsere Vorfahren, die noch keine Christen waren, um die Weihnachtszeit herum verschiedene Feste feierten. Deshalb möchte ich hier zeigen,

dass die Wurzeln des schönsten und beliebtesten unserer Feste sehr weit zurückreichen.

Selbstverständlich gab es auch in vorchristlicher Zeit Feiern, Mythen und Bräuche – die im Laufe der Zeit vielleicht andere Namen und Deutungen bekamen, jedoch nie gänzlich vergessen wurden. Ich möchte versuchen, Ihnen die Augen dafür zu öffnen, dass die heiligen Tage der Weihnachtszeit nicht zufällig etwas Besonderes sind – und auch nicht etwas Einmaliges wie die Geburt Jesu Christi –, sondern dass ihnen ein tiefer, das menschliche Wesen berührender Sinn innewohnt und dass die alten Traditionen es wert sind, in Erinnerung behalten, bewahrt, neu entdeckt und weitergegeben zu werden.

Asche und Feuer

Traditionen und Bräuche werden von Generation zu Generation weitergegeben. Das ist wichtig. Und es ist auch selbstverständlich, sonst wäre es ja keine Tradition. So wurzeln Bräuche im Laufe der Zeit immer tiefer im gemeinsamen Unterbewusstsein – wir wachsen mit den Bräuchen auf, wir lernen und wachsen an den Bräuchen und Traditionen, und sie geben uns Halt.

Das ist auch der Grund dafür, warum gerade in der heutigen Zeit – in der die Orientierung immer schwieriger wird, in der immer mehr Menschen nicht mehr wissen, wo sie stehen – Traditionen und Bräuche so wertvoll sind.

Das Zusammenwachsen der Menschheit durch weltumspannenden Handel, Verkehr und Internet hat durchaus gute Sei-

ten. Menschen können mit anderen Menschen in der ganzen Welt kommunizieren – und das erweitert ganz sicher den Horizont. Und es stiftet ein wenig Frieden: Wenn sich Menschen unterschiedlichster Herkunft verstehen, wird es schwerer, sich zu bekriegen. Ich sehe nur ein Problem darin, dass diese Bewusstseinserweiterung nicht selten auf Kosten der eigenen Wurzeln geht.

Meine Lieblingsspeisen sind ein rescher Schweinebraten, als Nachtisch frische Erdbeeren und frisch gebackenes Roggenbrot, selbst gesammelte Schwammerl und reines Quellwasser oder auch mal ein gutes Bier – köstlich. Mir läuft schon das Wasser im Mund zusammen. Aber wer würde auf die Idee kommen, alles in einen Mixer zu stecken, weil's dann noch besser schmeckt, wenn alles Gute zusammenkommt? Gräuslich wär's!

Das Bewahren der Tradition ist wertvoll. Doch dazu müssen wir schon wissen, was wir da überhaupt überliefern wollen. Etwas auf eine bestimmte Art und Weise zu tun, nur weil die Vorfahren es so getan haben – das reicht nicht. Wir sitzen ja glücklicherweise auch nicht mehr in Höhlen und knabbern an rohen Mammutknochen. Ich meine, ein guter Weg ist der Weg der Freude. Die entscheidende Frage lautet: Bereichert das, was wir in einem Brauch tun, unsere Seele?

Warum sollten wir irgendwelche Dinge tun, die uns keine Freude bereiten, nur weil unsere Großväter es so gemacht haben? Gerade junge Menschen stellen sich natürlich diese Frage. Manche kommen zu dem Schluss, dass Bräuche und Traditionen sinnlos und überholt sind – sie haben den tieferen Sinn der Bräuche nie erfahren. Wenn man Bräuche nur aufrechterhält, »weil man das schon immer gemacht hat«, ist das zu wenig. Nun gut, es hat zumindest den Vorteil, dass wenigstens ein Teil des Brauchtums bewahrt wird – und den, dass Bräuche Gemeinschaft stiften. Aber ist das alles? Gemeinschaft stiftet ja eigentlich jeder Verein oder Club. Ich habe nun überhaupt nichts gegen Vereine – aber steckt da wirklich nicht mehr hinter unseren Traditionen?

Ich meine, dass sich viel mehr dahinter verbirgt. Doch dazu gehört, dass die Bräuche und Traditionen lebendig bleiben. Und wenn etwas lebendig ist, verändert es sich auch. Aus einem Menschen wird kein Esel oder Kamel, auch wenn man das manchmal meinen mag. Aber aus einem Kleinkind wird ein Schulkind, aus dem Schulkind ein Jugendlicher, aus dem

Jugendlichen ein Erwachsener, aus dem Erwachsenen ein weiser Alter – hoffentlich! Wenn aber gar keine Veränderung und kein Wachstum mehr stattfinden, dann kommt … ja, was wohl? Der Tod!

Auch der Tod ist etwas Natürliches, gehört zum Kreislauf des Lebens und ist nicht zu fürchten. Doch Lebendigsein bedeutet Veränderung. Auch bei Bräuchen und Traditionen. Das heißt nun nicht, dass wir die Form von Bräuchen auf Teufel komm raus verändern sollten. Aber wachsen und bewusst bleiben müssen sie. Nur wenn Rituale und Traditionen uns innerlich berühren und bereichern, wenn wir, zumindest intuitiv, ihren Sinn begreifen, nur dann sind sie wirklich lebendig.

Unsere Vorfahren entdeckten einst das Feuer. Das war ein großer Schritt in der Geschichte der Menschheit. Und es wurde Tradition, das Feuer weiterzugeben, um es nicht immer wieder neu entfachen zu müssen. Wäre es nicht ein lachhaftes Missverständnis gewesen, wenn unsere Vorfahren die Asche angebetet und an die Nachfahren weitergereicht hätten?

Das wäre eine tote Tradition. Eine lebendige, gelebte Tradition gibt aber eben nicht das Tote weiter, sondern das Lebendige, nicht die Asche, sondern das Feuer.

Unsere Traditionen bleiben nicht durch Vorschriften und Regeln lebendig, nicht durch sinnentleerte Rituale und starrsinniges Beharren, sondern durch das Entzünden an der Flamme im Herzen! Wenn wir unsere Traditionen weitergeben wie eine Flamme, dann werden sie nicht erlöschen, sondern brennen und Licht und Wärme spenden.

Die Wiederkunft des Lichts

Ein uralter Mythos

Jesus erklärte: »Ich bin das Licht der Welt.« Die Geburt Jesu ist also auch die Geburt des Lichts.
Das klingt vielleicht sehr religiös und ein wenig esoterisch – aber wie passend ist es doch, dass das Weihnachtsfest, an dem die Geburt Jesu Christi gefeiert wird, in diese Zeit, Ende Dezember, gelegt wurde. Denn es ist in gewisser Weise *tatsächlich* die »Geburt des Lichts«. Ich meine damit nicht die religiöse und spirituelle Bedeutung, die Jesu Ausspruch natürlich *auch* hat. Selbst wenn wir überhaupt nichts über Jesus wüssten, niemals von Christus und Weihnachten gehört hätten, würden

wir sehr wahrscheinlich dennoch von der Geburt des Lichts sprechen! Denn um diese Zeit herum wird das Licht, also nicht das geistige, spirituelle, religiöse Licht, sondern das Licht, was wir mit unseren Augen sehen, »wiedergeboren«. Es ist nämlich die Zeit der Wintersonnwende.

Wintersonnwende 2020–2025

2020	21. Dezember	11:02 Uhr
2021	21. Dezember	16:47 Uhr
2022	21. Dezember	22:44 Uhr
2023	21. Dezember	04:30 Uhr
2024	22. Dezember	10:12 Uhr
2025	22. Dezember	16:47 Uhr

Wintersonnwende und Julfest

Der Ursprung der Winterfeste liegt in ferner Vergangenheit. Aber die Vergangenheit unterscheidet sich nicht so sehr von der Gegenwart, wie wir manchmal glauben. Die wesentlichen Dinge bleiben gleich. Und als unsere Vorfahren die Wintersonnwende feierten, taten sie das eben zu der Zeit, in der die Hoffnung wieder erwacht – zur Wintersonnwende. In der belebten Natur scheint alles im Tiefschlaf und still, doch am Firmament zeigt sich die Wende: Das Dunkle, das seit September, der Herbst-Tagundnachtgleiche, immer mehr an Macht gewonnen hat, ist nun mit seiner Kraft am Ende. Und in dem Maße, in dem die Dunkelheit an Macht verliert, gewinnt das Licht allmählich wieder an Stärke. Die Tage werden endlich wieder länger und die Nächte kürzer.

Nach der Sommersonnwende ging es bergab …

Von der Sommersonnwende, Ende Juni, bis zur Wintersonnwende werden die Tage immer kürzer. Zunächst kaum merklich, schließlich ist der Sommer gerade dabei, sich voll zu entfalten. Im Juli und August liegen ja bei uns die wärmsten Tage des Jahres. Die Tage, an denen die Kinder jubeln, weil die Schule erst einmal für lange, lange Zeit vorbei ist – so kommt es ihnen vor; für uns Erwachsene ist der Sommer ja im Nu vergangen. Das Baden im See, das Spielen im Wald und auf dem Feld genießen die Kinder in vollen Zügen.

Doch die Tage werden kürzer. Im September merkt man es schon deutlich. Jede Nacht ist ein wenig länger als die vorangegangene. Die Sonne geht später auf, und es scheint, als würde es plötzlich viel zu früh dunkel. Ende September sind dann Tag und Nacht gleich lang. Und es wird kälter. Die Ernte wird eingefahren, und wir feiern das Erntedankfest. Kälte und Dunkelheit nehmen immer mehr zu. Die Nächte sind nunmehr länger als die Tage; und sie werden immer länger, während die Tage immer kürzer werden. Die Natur zieht sich zurück. Die Zeit und die Natur bekommen eine andere »Farbe«. Es wird erst bunt, dann immer trüber. Und spätestens im November ist nicht mehr zu übersehen, dass der Winter kommt. Wir feiern Allerheiligen und Allerseelen und gedenken unserer Ahnen.

Doch inmitten des Trüben keimt die Hoffnung auf. Die Vorfreude auf die Neugeburt des Lichts erwacht. Schon unsere Vorfahren wussten, dass es nun nicht mehr lang dauern wird, bis der Tiefpunkt erreicht ist und das Licht mit der Wintersonnwende wieder zunimmt. Und die Christenheit freut sich auf das Weihnachtsfest und die Geburt des Lichts der Welt.

Das Julfest

Lange bevor wir Weihnachten kannten, gab es bei unseren keltischen und germanischen Vorfahren schon ein Fest: das Mittwinter-, Yule- oder Julfest, an dem die Wintersonnwende gefeiert wurde. Wir spüren in unserer modernen Welt nicht mehr, was für ein wichtiges Ereignis es ist, dass nun die Tage wieder länger werden. Doch für die Alten war es wirklich ein Anlass zu feiern. Das Licht wurde wiedergeboren!

Wir wissen heute nicht so genau, ob unsere Weihnachtsbräuche zum Teil keltische oder germanische Ursprünge haben. Einiges deutet darauf hin: der Baum, der im Mittelpunkt steht, das Datum, an dem gefeiert wird, die Betonung der Bedeutung des Lichts …

Manchmal ist es ganz interessant, sich Sprache genau anzusehen. Da kann man interessante Dinge entdecken.

Es ist recht bekannt, dass Weihnachten in Skandinavien heute »Jul« oder »Jol« heißt, im Englischen gibt es »Yule«, im Niederländischen »Joel« und im Finnischen »Joulu«. Und wenn man nun auch noch weiß, dass Odin, der germanische Göttervater, den Beinamen »Jólnir« hatte, dann zeigt sich, dass der Name des Julfestes offenbar direkt auf der germanischen Mythologie basiert. Jol war das Fest zu Ehren Jólnirs, Odins, des Göttervaters.

Natürlich denkt heute niemand an ein heidnisches Fest, wenn er »Julfest« hört. Das muss ja auch gar nicht sein. Doch ich finde es immer wieder interessant zu sehen, wie sich alte Traditionen, und sei es auch noch so versteckt, erhalten.

Die Feiern zu Ehren Odins zelebrierten natürlich – zumindest auf den ersten Blick – etwas völlig anderes als das Weihnachtsfest. Es gab keinen Nikolaus, kein Christkind, keinen Weihnachtsmann, keinen Weihnachtsbaum und auch – das ist wohl das Schlimmste – keine Geschenke. Bei unseren Vorfahren wurde vor allem gezecht. Nicht einmal Bier, schon gar nicht nach dem Reinheitsgebot gebrautes, sondern Met, ein alkoholisches Getränk aus Honig und Wasser, das einen richtigen Rausch und gewaltiges Kopfweh macht. Ganz anders bei uns. Oder? Nun, immerhin gibt es in Skandinavien auch heute noch das zeremonielle Biertrinken zur Julzeit.

Die Wintersonnwende und die Seele

Bedeutet es denn überhaupt etwas, dass die Wintersonnwende schon lange vor dem Weihnachtsfest gefeiert wurde? Man kann ja nicht behaupten, dass ein Saufgelage von kriegerischen Nordmännern im Bärenfell dasselbe ist wie die Feier der Geburt des Gottessohnes und Erlösers. Wenn man das so sagt, klingt es wirklich unsinnig. Und natürlich sind die beiden Feste nicht identisch, das ist ja ganz klar. Nur: Wirklich interessant wird es, wenn wir uns statt der Unterschiede einmal die Gemeinsamkeiten ansehen. Und mit den Gemeinsamkeiten meine ich nicht, dass auch bei uns an Weihnachten manchmal viel zu viel Alkohol getrunken wird.

Die Frage ist, was hier eigentlich tatsächlich gefeiert wird? Wie kamen die Menschen dazu, »Weihnachten« zu feiern, als es unser Weihnachten noch gar nicht gab? Warum gerade da?

Ja gut, da ist die Sonnwende. Aber ist das alles? Ich glaube nicht. Ich denke, dass unsere Seele zu dieser Zeit in einem besonderen Zustand ist. Es gibt solche Zeiten im Jahr: Die besondere Stimmung zum Frühlingsanfang, die wieder andere Stimmung zu Mittsommer, die Herbst-Tagundnachtgleiche im September, die die Zeit einläutet, in der die Nächte länger als die Tage werden … Und auch die Weihnachtszeit hat einen besonderen Einfluss auf die Seele. Entsprechend der Natur ist unser Herz offen für das Innere, für das Lichte und für die Hoffnung auf die Zukunft.

Angenommen, das Gedächtnis aller Menschen würde ausgelöscht: Ich glaube, dass die Zeit der Wintersonnwende bald wieder gefeiert werden würde. Die besondere Stimmung in der Natur wirkt auf unsere Seele – denn wir sind ja ein Teil der Natur! Die Wintersonnwende ist eine Gelegenheit für uns, in uns zu gehen. Jetzt ist die Zeit zur Besinnung!

Aber viele Menschen denken gar nicht daran, mal innezuhalten und sich zu besinnen. Das ist schade. Und ich finde es etwas traurig, dass der eigentliche Sinn des Festes heute so sehr von Kitsch und Gewinnstreben überdeckt wird.

Oft wissen die Menschen überhaupt nicht, was sie da feiern. Bekannte aus China haben mir erzählt, wie dort schon in der Vorweihnachtszeit Verkäufer und Kellner mit roten Zipfelmützen auftreten und dass inzwischen fast alle Familien in China Weihnachten feiern. Auf die Frage, was sie denn feiern, da sie doch keine Christen sind, meinten sie, dass sie das auch nicht wüssten – es wäre aber doch schön, den Kindern Geschenke zu machen und sich als »Santa« zu verkleiden. Und alle Geschäfte hätten Sonderangebote …

Ich muss gestehen, dass es mich etwas geschaudert hat.

Zeit für Besinnung

Wenn man sich die alten Julfeste anschaut, wo das sinnenfrohe Feiern im Mittelpunkt stand, waren die Alten doch vielleicht näher an der spirituellen Bedeutung dieser Zeit als viele Menschen heute. Feiern wir doch einfach! Dazu brauchen wir keinen Met. Wir können Geschenke, Weihnachtsbaum, Weihnachtsessen haben – *und* dennoch dann und wann innehalten, um uns der besonderen Stimmung bewusst zu werden und uns zu besinnen. Ausgelassene Freude und Spaß zum Weihnachtsfest *und* Besinnlichkeit, das wäre doch wunderbar!

Wenn ich sage »Besinnung«, mag das für manche, gerade in der heutigen hektischen Welt, eher langweilig und fad klingen. Aber das ist es überhaupt nicht! Eine Reise ins Innere der Seele zu unternehmen – und das heißt für mich »Besinnung« –, kann spannend, aufregend, interessant und lehrreich sein. Von dieser Reise wird man sicherlich wertvolle Andenken mitbringen können …

Vielleicht haben Sie sich gedacht, dass das ja nun ganz nett klingt – aber wie soll man das denn ganz praktisch machen: Besinnung? Dazu habe ich Ihnen eine kleine Besinnungsübung, heute sagt man wohl oft auch »Meditation«, aufgeschrieben, die Sie genau so machen können – oder aber an Ihre eigenen Bedürfnisse angepasst.

Kleine Meditation über Licht und Dunkelheit

Bereiten Sie das Zimmer vor, indem Sie lüften und dann Vorhänge oder Fensterläden schließen. Stellen Sie eine Kerze auf, aber zünden Sie sie noch nicht an!

➤ Setzen Sie sich vor die Kerze und schließen Sie die Augen. Lassen Sie auftauchende Gedanken und Gefühle einfach vorüberziehen. Atmen Sie zehnmal tief und ruhig ein und aus.

➤ Öffnen Sie Ihre Augen und zünden Sie die Kerze an. Lassen Sie das Bild der Kerze Ihr Inneres erfüllen.

➤ Und dann, wenn Sie spüren, dass Sie mit dem Licht der Kerze ganz vertraut geworden sind, schließen Sie die Augen. Lassen Sie nun die Kerze vor Ihrem inneren Auge brennen.

➤ Stellen Sie sich vor, wie die Flamme wächst, bis das Licht dieser inneren Kerze Ihren Kopf ausfüllt. Jetzt kann es leicht geschehen, dass sich unwillkürlich ein Lächeln auf Ihr Gesicht schleicht – das ist sehr gut! Lassen Sie die »innere Kerze« über sich hinauswachsen, bis sie immer mehr erleuchtet …

➤ Beenden Sie die Übung, indem Sie sagen: »Von heute an verbinde ich mich mit dem Licht in mir, und alles wird sich zum Guten wenden!«

➤ Dann löschen Sie die Kerze achtsam. Stehen Sie auf und genießen Sie das warme Gefühl, das sich in Ihnen ausbreitet.

Die Geburt des Gottessohns

Auch die heidnischen Germanen feierten also am Julfest einen Gott, nämlich Odin, und die Geburt des Lichts zur Wintersonnwende. Christen könnten nun sagen, dass es sie überhaupt nicht interessiert, ob irgendwelche Heiden um die Weihnachtszeit herum auch etwas gefeiert haben. Die Geburt Jesu Christi, des Gottessohns und Erlösers, könne man ja wohl kaum mit germanischen Kultfesten vergleichen. Aber wie es ja immer ist: Alles und jedes, was ist, ist einmalig. Und man kann es vergleichen. Auch Äpfel und Birnen kann man vergleichen. Und mir schmecken Birnen vergleichsweise besser.

Mithras, Zarathustra, Ra, Osiris …

Nun ist allerdings die Idee, dass ein Schöpfergott einen Sohn in Menschengestalt geschaffen hat, schon eine ganze Weile vor dem Christentum in der Welt. Beispielsweise sagt Dionysos – beziehungsweise lässt Euripides ihn das sagen: »Ich nahm eine sterbliche Gestalt an und war ein Menschenwesen.« Wie Jesus ist Dionysos der Sohn Gottes, er muss leiden, sterben und wiederauferstehen.

Noch älter ist der Mythos von Amun Re, der höchsten ägyptischen Gottheit. Er erscheint einer Jungfrau und sagt: »Du wirst einen Knaben gebären, der eins mit mir ist. Er wird ein König unter den Menschen sein, denn meine Seele ist in ihm.« Wohl ebenso alt ist der indische Mythos von Krishna. In der Atharva Veda steht: »… und er sprach zu Devaki, der Jungfrau: ›Du hast in der Reinheit des Herzens und in göttlicher Liebe empfangen. Du wirst einen Sohn gebären, der der Erlöser der Welt sein wird. Und du wirst ihn Krishna, den Gesalbten, nennen.‹«

Selbst über Buddha, der um 500 v. Chr. lebte, gibt es den Mythos, er sei von einer Jungfrau geboren worden. Seiner Mutter träumte von Gott, der in sie einging – und nach neun Monaten gebar sie aus ihrer Hüfte Siddhartha, den späteren Buddha, sodass sie Jungfrau blieb. Ärzte und Hebammen zweifeln ein wenig an dieser Geschichte. Aber auch Siddharta Gotama, der Buddha, wird von Buddhisten als der Erlöser betrachtet.

Im Zoroastrismus, der im 1. oder 2. Jahrtausend v. Chr. im Iran gegründet wurde, gibt es einen Mythos, der in mancherlei

Hinsicht den Berichten über Jesus in der Bibel so erstaunlich ähnlich ist – insbesondere, was Tod und Auferstehung betrifft –, dass manche Gelehrte davon ausgehen, der biblische Bericht sei stark vom Zoroastrismus beeinflusst.
Im römischen Mithraskult, der ebenfalls schon vor dem Christentum existierte, war die Rede davon, dass Mithras von einem Vatergott ausgeschickt wurde, um die Welt zu retten. Auch Mithras wurde nicht auf gewöhnliche Weise geboren. Von seinen römischen Verehrern wurde Mithras auch »Sol invictus«, »der unbesiegbare Sonnengott«, genannt – und sein Geburtstag wurde am 25. Dezember gefeiert.
Der Mythos vom Gottessohn, der jungfräulich geboren wird, leidet, stirbt, aufersteht und die Menschen erlöst, ist also uralt.

Und Jesu Geburtstag?

An Weihnachten feiern wir als Christen die Geburt Jesu Christi. Das ist also ein großes, wichtiges Fest – denn was könnte wichtiger sein als die Geburt des einmaligen Jesus, auf dem der christliche Glaube aufbaut?
Ich denke, Weihnachten ist heute sicherlich das beliebteste Fest – nicht nur bei Kindern. Vielleicht liegt der Grund, dass dieses Fest populärer ist als alle anderen, aber auch darin, dass wir unseren eigenen Geburtstagen heute so viel Bedeutung beimessen. Im frühen Christentum wurde die Geburt praktisch nie besonders gefeiert. Das Osterfest – der Tod und die Auferstehung Christi –, das war das zentrale Fest. Überhaupt waren Geburtstage früher nicht so angesehen; auch die Heili-

gen werden in aller Regel an ihrem Todestag gefeiert, nicht an ihrem Geburtstag. Meist kennt man den Geburtstag nicht einmal. Den Todestag hingegen schon.
Bei Jesus Christus ist das nicht anders. Wir wissen nicht genau, wann Jesus geboren und gestorben ist, obwohl darüber lange gestritten und geforscht wurde. Inzwischen ist man sich immerhin einig, dass der Geburtstermin etwa Anfang März im Jahr 5 vor Beginn unserer Zeitrechnung lag, der Sterbetag während eines Passah-Festes im April des Jahres 30.

In Bethlehem im Stall?

Das Jahr und der Termin, die uns so selbstverständlich erscheinen, also der Beginn unserer Zeitrechnung und der 25. Dezember als Geburtstermin, stimmen also wohl nicht. Und wie ist es mit dem Ort? Auch das haben einige Bibelforscher infrage gestellt. Sie meinen, Jesus sei wohl in Nazareth geboren und die Evangelisten hätten Bethlehem als Geburtsort genannt, weil das so gut mit den Prophezeiungen in der Bibel übereinstimmt: »Aber du, Bethlehem, so klein unter den Städten Judas, aus dir wird einer hervorgehen, der über Israel herrschen wird … Er wird ihr Hirte sein in der Kraft des Herrn.« Das ist allerdings eine seltsame Schlussfolgerung – weil es so gut passt, könne es nur eine Manipulation der Evangelisten Matthäus und Lukas sein. Die Beweise dafür sind allerdings sehr mager bis gar nicht vorhanden. Die ganze Geschichte der Reise Marias und Josefs aufgrund der angeordneten Volkszählung (die belegt ist), dass Herodes die drei Weisen nach

Bethlehem schickt und Neugeborene in Bethlehem töten lässt – all das ergäbe dann keinen Sinn. Jesus ist also wahrscheinlich in Bethlehem geboren.
Aber ist das alles wichtig? Sicher nicht! Spielt es denn eine Rolle, wann und wo genau Jesus geboren wurde? Wir werden es ohnehin nie ganz genau wissen können. Nimmt es unseren Traditionen etwas weg, wenn es ähnliche Vorstellungen in anderen Kulturen gab? Nimmt es auch nur ein winziges bisschen vom Zauber des Weihnachtsfestes? Ich denke, nicht.
Die Bedeutung des Festes wird durch den Blick in die alten Mythologien nicht geringer, sondern größer!

Friede sei mit euch!

»Herrlichkeit Gott in den Höhen droben und Frieden auf Erden unter Menschen guten Willens!«, schrieb der Evangelist Lukas (Lk 2,14).
Und auch der Papst verkündet jedes Jahr die Engelsbotschaft: »Frieden auf Erden unter Menschen guten Willens …«
Mich wundert es immer wieder, wenn ich sehe, dass gerade zum Weihnachtsfest Spielzeugwaffen, gewaltverherrlichende Videospiele und Filme verschenkt werden. Und das ist nicht einmal eine Modeerscheinung oder hat mit der Unkenntnis der Weihnachtsbotschaft zu tun. Früher gab's natürlich keine Videogames – aber die Buben bekamen zu Weihnachten nicht

selten Soldatenspielzeug oder Spielzeugwaffen. Ich nicht. Und ich muss zu meiner Schande gestehen, dass ich etwas neidisch auf einen Freund war, der mit einem Spielzeuggewehr, das für mich fast echt aussah, prahlte.

Diese »Tradition« scheint mir aber wie eine Verhöhnung der alten Bräuche und ihrer spirituellen Bedeutung. Und auch die traurige Tatsache, dass es zu Weihnachten vermehrt familiäre Gewalttaten gibt, bedrückt mich. Aber es geht auch anders.

Weihnachtsfrieden

Im ersten der beiden schrecklichen Kriege des 20. Jahrhunderts, im Dezember 1914, lagen sich Briten und Deutsche in den Schützengräben gegenüber und schossen sich gegenseitig tot. Doch am Heiligabend legten alle die Waffen nieder – für das Weihnachtsfest wurde Frieden gehalten. Deutsche und

Briten stiegen aus ihren Schützengräben und teilten Bier, Essensrationen und Zigaretten miteinander. Und sie sangen das Lied »Stille Nacht, heilige Nacht« zusammen. Ja, sie spielten sogar ein wenig Fußball miteinander. Dann trennten sie sich. »Heute ist Frieden zwischen uns. Doch morgen wirst du wieder für dein Land kämpfen und ich für meins«, verabschiedete sich ein Deutscher von einem Engländer.

Und tags darauf ging das Grauen weiter. Wie dumm die Menschen doch oft sind!

Vielleicht sollten wir es halten wie in Finnland. Dort gibt es seit 700 Jahren die Tradition des »Weihnachtsfriedens von Turku«. Dieser Weihnachtsfrieden hält drei Tage. In dieser Zeit ist alles Gewalttätige und den Frieden Störende besonders verpönt. Bis Anfang des 20. Jahrhunderts wurden Friedensbrecher dann sogar zu Strafen verurteilt, die doppelt so hoch waren wie üblich.

Wäre es nicht schön, wenn wir den Weihnachtsfrieden länger als nur ein paar Tage lang aufrechterhalten könnten?

Vielleicht ist es schon ein kleiner Anfang, wenn wir »Morgen kommt der Weihnachtsmann« von Hoffmann von Fallersleben (siehe Seite 90) singen und uns dabei nicht wie der Dichter »Pfeife und Gewehr, Fahn und Säbel und noch mehr, ja ein ganzes Kriegesheer« wünschen (Seite 93), sondern Friede auf Erden – deshalb habe ich die Stelle ein wenig verändert.

»Da sprach Jesus abermals zu ihnen:
Friede sei mit euch!«

STILLE NACHT, HEILIGE NACHT

Stille Nacht, heilige Nacht!
Alles schläft, einsam wacht
nur das traute, hochheilige Paar.
Holder Knabe mit lockigem Haar,
schlaf in himmlischer Ruh,
schlaf in himmlischer Ruh.

Stille Nacht, heilige Nacht!
Gottes Sohn, o wie lacht
Lieb' aus deinem göttlichen Mund,
da uns schlägt die rettende Stund,
Christ, in deiner Geburt,
Christ, in deiner Geburt.

Stille Nacht, heilige Nacht!
Hirten erst kundgemacht,
durch der Engel Halleluja
tönt es laut von fern und nah:
Christ, der Retter ist da,
Christ, der Retter ist da!

Text: Joseph Mohr, Musik: Franz Xaver Gruber (1818)

Der Geist der Weihnacht

Über Nächstenliebe, Freude und Neubeginn

Was Weihnachten so besonders macht, ist nicht so sehr das Sichtbare, sondern das Unsichtbare – der Geist der Weihnacht. Der Geist der Weihnacht ist das, was das »Weihnachtsgefühl« ausmacht: Es ist eine Mischung aus Nächstenliebe, großer Freude, Staunen und Neubeginn.
Dieses »Weihnachtsgeistgefühl« kann man nicht so leicht in Worte fassen, man muss es fühlen. Und natürlich ist der »Geist« der Weihnacht kein Gespenst …
Obwohl … Auch wenn das Gefühl des Weihnachtsgeistes so schwer zu fassen ist und es nicht um Gespenster geht, ist es

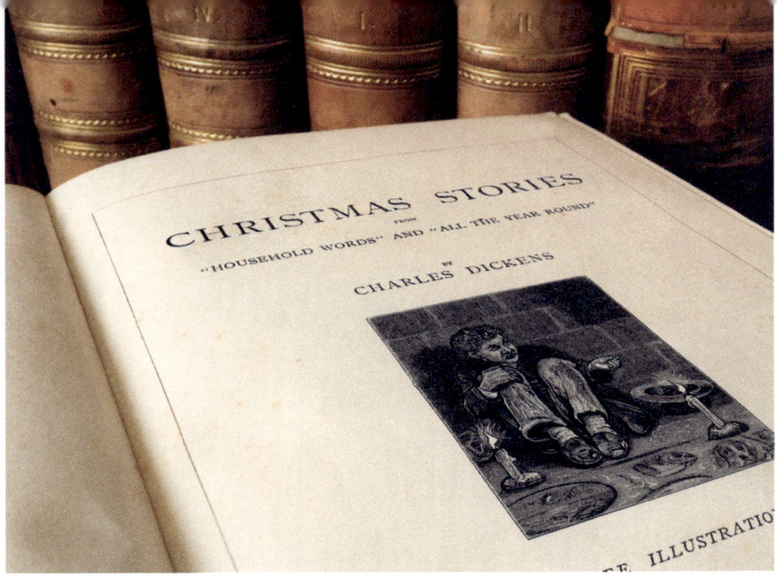

dem englischen Schriftsteller Charles Dickens wie keinem anderen gelungen, den Geist der Weihnacht nicht nur in Worte zu fassen, sondern auch noch in eine berührende Gespenstergeschichte zu kleiden.

Dickens Geschichte ist ziemlich lang – es bräuchte wohl einige Stunden, sie vorzulesen. Deshalb habe ich versucht, die Geschichte *»A Christmas Carol«,* zu Deutsch »Eine Weihnachtsgeschichte«, zu kürzen und in unser Land zu übertragen. Meine Version kann natürlich nie an die Originalgeschichte des großen Schriftstellers heranreichen – dafür aber eignet sie sich besser, um sie an Weihnachten in kleinem oder auch großem Kreise vorzutragen.

Die drei Geister der Weihnacht

Der Zwicklhuber Jeremias war ein arger Geizkragen. Man sah ihm seinen Geiz geradezu an; die Kälte seines Herzens ließ seine Miene wie festgefroren wirken, harte Falten waren in sein Gesicht gekerbt; er ging, als hätte er einen Stock verschluckt, und seine Lippen waren so dünn, dass man zweimal hinsehen musste, um seinen Mund zu finden. Er war kalt und er mochte die Kälte; zumindest machte sie ihm nichts aus, und er sparte das Brennholz. Er strahlte eine solche Kälte aus, dass ihn niemals ein Bettler ansprach, die Kinder einen Bogen um ihn machten und niemand ihn grüßen wollte. Und das war ihm ganz recht so.

Nun war es wieder einmal Heiligabend geworden, und in den Häusern am Marktplatz, in deren größtem der reiche Kaufmann Zwicklhuber wohnte, begannen die Lichter aufzuleuchten, sodass man sich von der Straße in die heimeligen Stuben sehnte; nur beim Zwicklhuber Jeremias blieb es fast dunkel.

Da erklang eine heitere Stimme: »Frohe Weihnachten, lieber Onkel! Gott segne dich.« Es war Johann, sein Neffe, der gerade eingetreten war und seinem Onkel freundlich zuwinkte.

»Ach was«, murmelte Jeremias. »Dummes Zeug!«

»Weihnachten ist dummes Zeug?«, fragte der Neffe lächelnd. »Onkel, das kann nicht dein Ernst sein!«

»Frohe Weihnachten? Was soll daran froh sein? Du musst deine Bücher abschließen, deine Rechnungen bezahlen und wirst älter, ohne einen Pfennig zu verdienen!«

»Aber Onkel! Für mich ist Weihnachten die Zeit der Vergebung und Barmherzigkeit. Und wenn ich auch nicht reich bin, so gebe ich doch den Armen um diese Zeit, denn es sollen sich alle Menschen in dieser Zeit freuen! Und auch du sollst dich freuen, Onkel. Komm doch morgen zu uns zum Essen! Du bist herzlich willkommen.«

»Eher will ich verdammt sein.«

»Aber Onkel …«

»Guten Abend.«

»Frohe Weihnachten, Onkel.«

»Guten Abend.«

»Und ein gutes neues Jahr!«

Kaum war der Neffe gegangen, klopfte es wieder an der Tür. Zwei Herren standen da und verneigten sich.

»Lieber Zwicklhuber, wir sammeln für die Armen. Sicher möchten auch Sie sich auf unserer Liste eintragen. Auch der Herr Bürgermeister hat schon unterschrieben.«

»Papperlapapp«, zischte Jeremias. »Ich freue mich nicht über Weihnachten und habe keine Lust, Faulenzern mit meinem Geld eine Freude zu machen.« Und er schob die Herren zur Tür hinaus. »Guten Abend.«

Es wurde nebliger und dunkler, und schließlich ging Jeremias zu Bett, natürlich ohne eine Kerze anzuzünden – Dunkelheit war schließlich billiger!

Gegen Mitternacht jedoch erwachte er von Lärm im Haus. Schwere, klirrende Schritte schienen die Treppe hinaufzukommen. Jeremias sprang aus dem Bett und verriegelte die dicke Tür mit einem Balken. Doch zu seinem Schrecken trat eine Gestalt geradewegs durch die Tür. Er erkannte die Gestalt sogleich: Es war der Großknecht des Vaters, der Heimerl Sepp. Viele Jahre war der Sepp der Familie treu verbunden geblieben – als Großknecht, als Verwalter und als Freund des Vaters. Aber der Sepp war schon vor zehn Jahren gestorben.

»Was willst du, Sepp?«, fragte Jeremias scharf und kalt, so wie gewöhnlich.

»Viel, sehr viel …« Die Stimme war die vom Heimerl Sepp, doch sie hallte, als käme sie aus weiter Ferne.

Jeremias graute es. Wie konnte es sein, dass dieser Geist ihn heimsuchte? Er glaubte nicht einmal an Geister. Doch der Sepp war gestorben, das war sicher. Und nun stand er hier. »Was tust du hier, Sepp?«

»Ein jeder Mensch muss seine Aufgabe erfüllen; und wenn er dies nicht zu Lebzeiten tut, ist er verdammt dazu, es nach dem Tod zu tun. Heute komme ich, dich zu warnen. Drei Geister werden zu dir kommen. Sie werden versuchen, dich auf den rechten Weg zu führen …« Und mit diesen Worten verblasste er.

»Dummes Zeug!«, murmelte Jeremias. Aber er sagte es ohne seine übliche Überzeugung. Dann ging er wieder zu Bett und schlief erstaunlicherweise sofort ein.

Jeremias wusste nicht, warum er erwacht war. Doch er hörte die Kirchturmglocke ein Uhr schlagen. In diesem Augenblick wurde das Zimmer hell, als hätte man ein großes Feuer im Kamin angezündet. Ein kleines, altes Männlein stand vor dem Bett.
»Ich bin der Geist der vergangenen Weihnacht«, sprach das Männlein mit sanfter und wohlklingender Stimme. »Erhebe dich und folge mir!«
Der Geist nahm Jeremias' Hand, und plötzlich standen sie auf einem Feld, weit außerhalb der Stadt.
»Hier bin ich geboren und habe als Bub gespielt!«, rief Jeremias erstaunt. Seine Lippen zitterten, und eine Träne lief ihm die Wange hinab. In Windeseile bewegte er sich mit dem Geist fort und sah sich selbst, wie er mit seinen Eltern und seiner Schwester Fanny ehrfürchtig vor dem Christbaum stand, wie sie zusammen die Christmette besuchten und wie sie gemeinsam mit dem Gesinde die Weihnachtsgans verzehrten und fröhlich feierten.
Langsam verblasste das Bild, und Jeremias fand sich in seinem Bett wieder. »Papperlapapp«, wollte er wieder sagen, doch es blieb ihm im Halse stecken, als er sich des wunderbar warmen Gefühls entsann, das er als Kind erlebt hatte.
Und doch schlief er beinahe sofort wieder ein.

Er erwachte erneut, als die Kirchenuhr zwei schlug. Sogleich war er hellwach und wusste, dass nun wohl der zweite Geist kommen würde, und er fürchtete sich. Aus dem Nebenzimmer strahlte ein helles Licht, und Jeremias stieg aus dem Bett, um nachzusehen. Er ging hinüber – doch wie wunderbar war das karge Arbeitszimmer verwandelt! Im Kamin prasselte ein helles Feuer, und auf dem Tisch, der mit Efeu und grünen Zweigen geschmückt war, standen die leckersten Speisen und viele Flaschen Wein. Der köstliche Duft von Bowle erfüllte den Raum, und am Tisch saß behaglich und mit fröhlichem Gesicht ein riesiger Mann.

»Komm nur herein, Jeremias!«, rief er. »Ich bin der Geist der gegenwärtigen Weihnacht! Lerne mich kennen …«

Jeremias verbeugte sich und sprach mit zitternder Stimme: »Der erste Geist hat mir eine Lehre erteilt. Wirst auch du mich etwas lehren?«

Und schon flogen sie durch die Straßen der Stadt; es war der Weihnachtsabend, und viele Menschen eilten durch die Straßen, mit leuchtenden, fröhlichen Gesichtern riefen sie sich »Frohe Weihnachten!« und »Ein gesegnetes Christfest!« zu. In allen Geschäften herrschte Trubel; jeder wollte noch etwas Schönes für seine Liebsten einkaufen. Der Geist flog mit Jeremias weiter bis zu einer der ärmsten Familien in der Stadt. Jeremias kannte die Familie; der Vater machte oft Botengänge für ihn, wofür er nur ein paar Pfennige bekam. Aber auch sie feierten fröhlich; obwohl nicht viel auf dem Tisch stand und obwohl ihr kleiner Sohn, der Franzl, an einer Krücke ging und ein böser Husten ihn plagte.

»Dies wird wohl Franzls letztes Weihnachtsfest werden«, sprach der Geist. »Die Wagingers können sich die teure Medizin nicht leisten.«

Noch bevor Jeremias antworten konnte, waren sie schon weitergeflogen und standen nun in einem hell erleuchteten Zimmer. Er war bei seinem Neffen Johann!

»… und Onkel sagte tatsächlich, Weihnachten sei dummes Zeug! Ich glaube, er glaubt das wirklich!«, sagte der Neffe gerade und lachte.

»Eine Schande ist das!«, sagte Maria, Johanns Frau.

»Er ist schon ein komischer Kauz«, antwortete der Neffe. »Aber sei nicht bös mit ihm. Er bestraft sich doch durch seine Kaltherzigkeit selbst. Und ich bedaure ihn.«

»Ja, das stimmt auch wieder. Und er verpasst ein gutes Essen!«

Nun lachten alle gemeinsam und prosteten sich zu. »Frohe Weihnacht!«

Und der Neffe rief: »Frohe Weihnachten und ein glückliches Jahr auch für Onkel Jeremias!«

Jeremias war ganz warm ums Herz geworden, und er wollte schon zu einer Dankesrede ansetzen, als der Geist ihn berührte und alles mit einem Lufthauch verschwand. Der Geist war verschwunden, und Jeremias saß wieder in seinem Bett.

Diesmal schlief er jedoch nicht ein; und da kam auch schon der dritte Geist der Weihnacht. Langsam, schweigend und feierlich kam ein tief verhülltes Gespenst auf ihn zu – so als schwebte es auf dem dünnen Nebel, der den Boden bedeckte.

»Du bist der Geist der zukünftigen Weihnacht?«, fragte Jeremias bange.

Der Geist aber antwortete nicht, sondern neigte nur ganz leicht sein Haupt. Und Jeremias fand sich in einer kalten Halle wieder, in der ein offener Sarg stand. Der Geist wies mit seiner Knochenhand auf den Kopf des Leichnams darin.

Und Jeremias wusste, dass er selbst es war, der dort lag. Wenn er wiedererweckt würde, was wäre wohl sein erster Gedanke? Nur Hartherzigkeit, Habgier und Geiz? Nein, er würde ein anderer sein!

Das Zimmer löste sich auf, und Jeremias stand mit dem Geist auf einem Friedhof vor einem Grabstein, auf dem »Jeremias Zwicklhuber« geschrieben stand.

»Ach Geist!«, rief Jeremias. »Ich bin nicht mehr der, der ich war. Ist alle Hoffnung dahin? Ich will Weihnachten in meinem Herzen ehren. O sage mir, dass ich die Schrift auf diesem Grabstein auslöschen kann!«

Alles begann sich in Nebel aufzulösen, und Jeremias fand sich allein in seinem Bett wieder.

Jeremias saß ein Weile verwirrt da. Tränen liefen über sein Gesicht, und doch lächelte er. »Ich will die Geister der Weihnacht von nun an ehren, alle sollen sie in mir lebendig sein!«
Die Kirchturmuhr schlug sieben, aber Jeremias hielt es nicht mehr im Bett. »Es ist Weihnachten! Und ich werden es feiern wie noch nie!«
Er zog sich an, pfiff dabei ein Liedchen – was er noch nie gemacht hatte, solange er sich erinnern konnte – und holte ein dickes Bündel Geld aus seinem Geldschrank. Er steckte es in verschiedene Umschläge und beschriftete jeden einzelnen mit »Frohe Weihnachten und ein gesegnetes Fest!«
Die Umschläge stopfte er in seine Tasche, zog noch einen dicken Mantel über und ging auf die Straße.
Damals hatten viele Geschäfte auch feiertags geöffnet. Im Schaufenster des Metzgers lag eine riesige gebratene Gans; genau die wollte er haben!
Der Metzger staunte nicht schlecht. Noch nie hatte der Zwicklhuber bei ihm etwas gekauft; und er war als Geizhals und Miesepeter verschrien! Wie ungerecht doch die Menschen anscheinend waren. Der alte Herr Zwicklhuber war mit strahlendem Gesicht eingetreten und hatte erst einmal allen ein frohes Fest gewünscht und jedem einen ganzen Zehner in die Hand gedrückt!
Und zum Haus der Wagingers, mit ihrem kleinen kranken Sohn Franzl, sollte die Gans, die beste und teuerste, die er hatte, geliefert werden. Und noch ein Umschlag dazu. Und reichlich Trinkgeld für den Boten!
Jeremias fühlte sich immer besser. Er tanzte geradezu aus dem Laden. Er fühlte sich so leicht und froh! Es waren schon viele Menschen auf

der Straße, und einem jeden rief er »Frohe Weihnacht und ein gesegnetes Fest!« zu. Er ging zum Waisenhaus, zum Armenhaus und zur Kirche und gab reichlich Spenden und Segenswünsche. Jedermann staunte. War das wirklich der alte, geizige Jeremias Zwicklhuber gewesen?
Am Mittag lenkte er seine Schritte dann zum Haus seines Neffen. Er zögerte lange, doch schließlich klopfte er – und so erstaunt Johann auch war, so erfreut war er auch, dass der Onkel doch gekommen war. Und Geschenke hatte er mitgebracht! Kein böses Wort kam über seine Lippen – er war der freundlichste, großzügigste, gütigste alte Herr, den man sich nur vorstellen konnte.

Und Jeremias war tatsächlich ein anderer geworden. Jeden Abend dankte er den drei Geistern und hielt den Geist des Weihnachtsfestes jeden Tag lebendig. Er wurde ein guter Onkel, Nachbar, Freund und Wohltäter. Manche Leute, wie Leute eben so sind, lachten über ihn und dachten, der Zwicklhuber habe den Verstand verloren. Doch er wusste es besser: Er hatte nicht nur den Verstand, sondern auch sein Herz wiedergefunden. Und jeden Tag begann er mit einem Segen: »Gott segne uns alle!«, und er dachte dabei an die drei Geister der Weihnacht: Nächstenliebe, Freude und Neubeginn.

Das Fest der Nächstenliebe

Der Kern der christlichen Botschaft lautet: »Liebe deinen Nächsten!« Dieselbe Botschaft hat der Buddhismus, der Mitgefühl mit allen lebenden Wesen lehrt – und auch die meisten anderen Religionen und Philosophien kennen die große Kraft und Bedeutung von Mitgefühl und Nächstenliebe.

Ist Weihnachten, die Feier der Geburt Jesu, nicht der beste Anlass, sich auf diese Kraft zu besinnen? Jesus sagte nicht: »Seid einmal im Jahr nett zueinander.« Nächstenliebe und Mitgefühl sollten unser ganzes Leben durchdringen und bereichern und die Welt zu einem besseren Ort machen. Nur sind wir leider allesamt keine Weisen oder Heiligen und vergessen nur allzu oft, was gut für unser seelisches Wohlbefinden ist. Doch zumindest in der Weihnachtszeit tun wir gut daran, den Impuls aufzunehmen und uns zu besinnen.

Mitgefühl und Nächstenliebe sind eigentlich gar nicht so »heilig«. Damit meine ich, dass sie nicht wirklich selbstlos in dem Sinne sind, dass wir uns für andere quälen. Ganz im Gegenteil! Und das ist vielleicht das große offene Geheimnis: Indem wir mitfühlend und liebevoll leben, nehmen wir uns nichts – vielmehr geben wir uns selbst so viel wie den anderen. Eigentlich sogar noch mehr.

Daher möchte ich Ihnen eine ganz kurze und einfache Meditationsübung zeigen, mit der Sie die Kraft der Nächstenliebe und des Mitgefühls erfahren können.

Kleine Meditation über Nächstenliebe und Mitgefühl

➤ Setzen Sie sich bequem hin, schließen Sie die Augen und atmen Sie einige Male tief durch.

➤ Denken Sie dann an die Menschen, die Ihnen am nächsten stehen: Ihre beste Freundin, Ihren besten Freund, Ihren Partner, Ihre Kinder, Ihre Eltern … Sprechen Sie nun innerlich: »Ich wünsche dir von ganzem Herzen Glück und Frieden.« Sie atmen ein: »Ich wünsche dir von ganzem Herzen …« – Sie atmen aus: » … Glück und Frieden.«

➤ Wiederholen Sie das mindestens dreimal.

➤ Dann weiten Sie Ihre Gedanken und denken an Ihre weiteren Bekannten. Und wieder sprechen Sie innerlich: »Ich wünsche euch von ganzem Herzen … Glück und Frieden.«

➤ Wiederholen Sie auch das mindestens dreimal.

➤ Nun erweitern Sie den Kreis und schicken Ihre Gedanken an entferntere Bekannte; und dann an alle Menschen …

➤ Und schließlich tun Sie es noch einmal für diejenige Person, die Sie bisher ausgelassen haben. Wer ist das? Sie selbst! »Ich wünsche dir, [Ihr Name], von ganzem Herzen … Glück und Frieden!«

Ich bin mir sicher, dass Sie das Wohlgefühl spüren können, das sich durch dieses Aussenden liebevoller Gedanken einstellt.

O DU FRÖHLICHE

Dies ist eines meiner Lieblingsweihnachtslieder, und die Melodie geht mir mehr zu Herzen als alle anderen. Für mich ist dieses Lied pure Freude.

1. O du fröhliche, o du selige,
gnadenbringende Weihnachtszeit!
Welt ging verloren, Christ ist
geboren.
Freue, freue dich, o Christenheit!

2. O du fröhliche, o du selige,
gnadenbringende Weihnachtszeit!
Christ ist erschienen, uns zu
versühnen.
Freue, freue dich, o Christenheit!

3. O du fröhliche, o du selige,
gnadenbringende Weihnachtszeit!
Himmlische Heere jauchzen
Dir Ehre.
Freue, freue dich, o Christenheit!

Text: Johannes D. Falk (1815), H. Holzschuher (1926), Musik: Volksweise

Das Fest der Freude

Christen glauben, dass der Sohn Gottes auf die Welt gekommen ist. Einen größeren Anlass zur Freude kann man sich ja kaum vorstellen.
Aber ganz unabhängig davon, ob man nun an die Geburt eines Gottessohnes glaubt oder nicht: Das Weihnachtsfest ist ein guter Anlass, die Kraft der Freude in sein Leben einzulassen.
Kann man sich denn überhaupt über etwas freuen? Vielleicht geht es einem gerade nicht gut, vielleicht trauert man oder ist verzweifelt, und schließlich gibt es auf der Welt allzu viele Dinge, die nicht gerade Anlass zur Freude bieten.
Und dennoch: Die Kraft der Freude zu kultivieren kann Leiden lindern, Trauernde trösten und das Leben für uns selbst und unsere Nächsten schöner machen. Ich habe neulich ein Buch gelesen, das eine alte indianische Geschichte zum Thema hat; es heißt »Füttere den weißen Wolf«. In dieser Geschichte (und diesem Buch) geht es darum, dass man immer die Wahl hat, worauf man seine Gedanken und Gefühle richtet: auf das Gute, Schöne, Freudvolle oder auf das Böse, Hässliche und Traurige.
Die Autoren haben mir die Erlaubnis gegeben, ihre Version der Geschichte hier abzudrucken.

Die Geschichte von den zwei Wölfen

Unter dem weiten Sternenhimmel, unter dem Licht des Ahnenmondes, unter der Decke des Großen Geistes saßen Roter Hirsch, der Älteste des Volkes, und Kurzer Pfeil, der Sohn seines Enkels, am wärmenden Feuer. Es war Kurzer Pfeils erste Lange Jagd gewesen; die Jagd, die ihn zum Mann machen sollte. Schweigend saßen sie eine Weile da, lauschten der Stille und den eigenen Gedanken.

»Großvater«, begann der Junge zögerlich. »Ich soll ein Jäger werden, und ich habe mit deiner Hilfe nun meine erste Lange Jagd beendet. Aber in mein Herz will keine Ruhe einkehren. Heiter und fröhlich ging ich mit dir auf meine erste Jagd, doch bald war ich unruhig und traurig, weil ich keine Spuren fand. Als du sie mir zeigtest, wurde ich sogar wütend und vertrieb mit meinen lauten Worten das Büffelkalb, das wir sonst erlegt hätten. Am Morgen war mein Herz weit vor Freude über den Himmel, die Erde und das Wasser gewesen, doch am Nachmittag hasste ich die Sonne, die Menschen und mich selbst. Warum ist das so, Roter Hirsch, Vater meines Vaters Vater?«

Roter Hirsch sah in den Himmel hinauf, sah ins Feuer, sah in sein Herz. Nach langem Schweigen sprach er schließlich:

»Seit Anbeginn der Welt leben im Herzen eines jeden Menschen zwei Wölfe. Der eine Wolf ist weiß und strahlt wie die Mittagssonne, der andere ist schwarz wie die mondlose, wolkenverhangene Nacht. Erbittert kämpfen beide miteinander.«
»Kämpfen diese Wölfe denn auch in meinem Herzen?«, fragte Kurzer Pfeil und legte die Hand auf seine Brust.
»Ja, auch in deinem Herzen«, nickte der Alte. »Auch in meinem Herzen, auch in dem deiner Schwestern und Brüder, deines Vaters und deiner Mutter. Sie leben und kämpfen im Herzen eines jeden Menschen. Doch die Wölfe unterscheiden sich nicht nur in der Farbe ihres Fells. Der schwarze Wolf fletscht die Zähne, er droht und knurrt und beißt, er ist rachsüchtig, grausam und gierig. Der weiße Wolf aber ist klug, sanft und liebevoll. Er liebt die Menschen und ist gütig und weise.«
Kurzer Pfeil sah lange in die Glut des erlöschenden Feuers. Schließlich fragte er leise: »Wird aber nicht der schwarze Wolf den weißen töten? Ist nicht im Kampf der Wütende dem Sanften überlegen? Und was geschieht, wenn der schwarze Wolf den weißen Wolf besiegt hat?«
»Kurzer Pfeil, denk nach: Kannst du den großen Helden Tamahanaka besiegen, nur weil du voll Wut bist?«
»Nein. Es kommt auf die Stärke und das Können an. Aber welcher Wolf ist nun der stärkere? Welcher wird den Kampf gewinnen?«
»Der, den du fütterst«, antwortete der Alte.

Aus: Füttere den weißen Wolf. Von Aljoscha Long und Ronald Schweppe; Kösel Verlag

Das Fest des Neubeginns

Die Wintersonnwende kurz vor dem Weihnachtsfest weist schon auf einen Neubeginn hin. Die dunkle Zeit hat ihren Höhepunkt erreicht, und es wird wieder lichter.
Am 1. Advent hat das kirchliche neue Jahr begonnen. Nach Weihnachten kommen dann die Rauhnächte, die auch eine Neubesinnung nahelegen. Mitten in den Rauhnächten beginnt das kalendarische neue Jahr, das zwar keinem astronomischen Ereignis entspricht, aber traditionell für einen Neubeginn steht. Die Rauhnächte schließen mit dem 6. Januar – der ebenfalls für den Neubeginn steht.
Wagen auch Sie einen Neubeginn. Natürlich kann jeder Tag der erste Tag des Restes Ihres Lebens werden – aber warum nicht die Zeit nutzen, die mehrfach den Neuanfang nahelegt?

NEUES JAHR, NEUES HERZ

von Karl Lappe

Ein neues Jahr begonnen:
Beginne neu, o Herz!
Versunken und zerronnen
sei jeder alte Schmerz.

Wie sollte noch mich pressen
ein Leid, das gestern war?
Verschwunden ist vergessen –
Gott schenkt ein neues Jahr.

Ich hoffte kaum das neue,
ich dachte Grab und Tod.
Doch groß ist deine Treue,
mein Vater, in der Not.

Es liege mir verloren
dahinten noch so viel:
Ein neues Jahr geboren!
Ein neu gestecktes Ziel!

Wohlan, mir sei gewunden
ein frischer Lebenskranz;
schön ist der Tanz der Stunden
und süß der Sonne Glanz.

Manch Herz hat sich erwärmet,
das halb erstorben war.
Hab ich mich sonst gehärmet,
so war's im alten Jahr.

Traditionen und Bräuche

Über den Sinn und Ursprung von Krippe & Co.

Die Weihnachtszeit ist reich an alten Bräuchen und Traditionen – auch deshalb, weil in dieser Zeit schon vor dem Christentum wichtige Feste gefeiert wurden. Es gibt Weihnachtsmärkte, Festumzüge, Krippenspiele, die Familienweihnacht mit Tannenbaum und Festessen … Ein paar dieser Traditionen und Bräuche möchte ich hier vorstellen – für alle, die vielleicht nicht (mehr) so genau wissen, was es mit der Krippe auf sich hat, woher der Weihnachtsbaum, der Weihnachtsmann und das Christkind kommen. Doch auch die ganz praktischen Teile sollen hier nicht zu kurz kommen: Was gehört alles in

die Krippe? Wie kann man den Weihnachtsbaum schmücken? Wie schenkt man richtig?
Fangen wir aber erst einmal damit an, warum man uns zu Weihnachten oft ein X für ein U vormacht …

Warum ist Weihnachten »X-mas«?

Manchmal sieht man heutzutage in der Weihnachtszeit ein geheimnisvolles X. Da heißt es dann »X-mas-Cards«, »Happy X-mas« und Ähnliches. Wenn man ein wenig Englisch kann und es gerade Weihnachten, englisch »Christmas«, ist, kann man sich schon denken, dass das X wohl irgendwie für Weihnachten beziehungsweise Christus steht.
Das unnötige Verenglischen unserer Sprache ist eine ziemliche Unsitte, und ich kann sehr gut verstehen, dass der Verein Deutsche Sprache (VDS) »X-mas« zum »überflüssigsten und nervigsten Wort des Jahres 2008 in Deutschland« wählte. Der Verein meinte, dass dieses Wort gegen alles stehe, was man in Deutschland mit Weihnachten verbinde: »Gemütlichkeit, deutsche Weihnachtstraditionen, Romantik, Christlichkeit.«
Dem stimme ich im Grunde zu. Aber ich vermute, dass die Juroren gar nicht wussten, für was das X eigentlich steht. Vielleicht für das Kreuz? Oder stammt es von religiösen Fanatikern, die das Wort »Christ« nicht schreiben durften? Oder hat es gar die Werbung erfunden, weil X-mas so einprägsam ist?

Das alles klingt irgendwie einleuchtend. Aber wenn man ein wenig von der Sprachgeschichte und insbesondere von Weihnachten versteht, dann kennt man dieses X schon aus ganz alten Schriften. Im 12. Jahrhundert taucht es im Elsass auf – aber »erst« im 16. Jahrhundert in England.
Und jeder Theologiestudent weiß natürlich, dass das X seit frühchristlicher Zeit für Christus steht. Außerdem ist es gar kein lateinisches X, sondern der griechische Buchstabe »Chi«, der in der griechischen Schrift eben wie ein X aussieht und in der Antike wie ein K ausgesprochen wurde. Jetzt ahnt wohl jeder, wie das Ganze zusammenhängt: »Chi« ist der erste Buchstabe von Χριστοσ (Christos) – eine uralte Abkürzung und ein Symbol für Jesus Christus.
X-mas ist also kein geheimes Symbol und auch keine Erfindung der Werbung und steht auch nicht für ein Kreuz, sondern bezieht sich auf die frühen christlichen Schriften und bedeutet nichts anderes als Christ-mas, ursprünglich »Christmette«, heute einfach: Weihnachten.
Aber da wir nun schon unser Weihnachten haben, brauchen wir kein X-mas. Dann doch lieber W-nacht.
Aber woher kommt eigentlich das Wort »Weihnachten«? Etymologische Spaßvögel hören sofort den Wein heraus; doch damit hat das natürlich nichts zu tun. Im Hochmittelalter kam das Wort auf. Damals sprach man Mittelhochdeutsch, und das Christfest wurde als die »wîhe naht«, also die geweihte oder heilige Nacht bezeichnet. Und von »wîhe naht« bis Weihnacht ist es nicht weiter als von X-mas zur Christmette …

Krippe und Krippenspiel

Ich habe festgestellt, dass Kinder heute viele ältere Wörter überhaupt nicht mehr kennen. »Krippe« ist eines davon. Eine Krippe ist ja erst einmal nur ein Futtertrog für Tiere. Das sollte man schon wissen, da es die Umstände der Geburt Jesu Christi in ein bestimmtes Licht rückt. Jesus wurde eben nicht in einem Palast oder aus einer Blume geboren, sondern in einem Stall von einer menschlichen Mutter.

Vom Futtertrog zum christlichen Symbol

Als die Christen nur eine kleine Sekte waren, die von ihren Mitmenschen entweder verspottet oder sogar verfolgt wurden, hatten sie bereits eine Weihnachtskrippe. Die Krippe ist wohl einer der ältesten Bräuche zum Weihnachtsfest. Tatsächlich stand die Krippe sogar im Mittelpunkt der gesamten Weihnachtsfeier – bis dann der Weihnachtsbaum kam und die alte Krippe ablöste, und zwar erst vor etwa 200 Jahren. Eine seltsame Umkehr der Traditionen: Denn der Baum ist ja eher ein vorchristliches Symbol.

Die christlichen Missionare hatten versucht, alle alten Bräuche und Traditionen auszulöschen oder im Sinne des neuen Glaubens umzudeuten. Der Weihnachtsbaum ist ein interessantes Beispiel dafür, wie lange alte, im Volk verwurzelte Bräuche überdauern können. In diesem Fall an die tausend Jahre!

Die Krippe ist übrigens »schuld« daran, dass sich die alten Weihnachtsbräuche in der Familie entwickelten. Es wurden

nämlich zur Zeit der »Aufklärung«, also etwa ab 1700, die öffentlichen Weihnachtsaufzüge und gerade auch das Aufstellen von Krippen in vielen Gemeinden verboten. Und zwar deshalb, weil die Obrigkeit darin einen schädlichen Aberglauben erkennen wollte – eine sehr seltsame Idee. Jedenfalls führte dieser merkwürdige Einfall dazu, dass die Krippe und andere Traditionen zu Hause in den Familien aufblühten. Damals entstand auch der Adventskranz – den gibt es tatsächlich erst seit 1819!

Aber zurück zur Krippe.

Eine Krippe ist nur der Futtertrog für das Vieh. Doch dieser einfache Trog wird ein Teil des Weihnachtsgeschehens und die Weihnachtskrippe dadurch viel mehr als nur ein Fresstrog: Das Niedrigste wird erhöht, der Trog wird zur Wiege des Gottessohnes.

Wenn wir von der Weihnachtskrippe sprechen, meinen wir aber noch viel mehr als die bescheidene Wiege. Wir bezeichnen damit auch die figürliche Darstellung des Weihnachtsgeschehens: das Jesuskind, das in der Futterkrippe liegt, Ochse und Esel, Maria und Josef, die Heiligen Drei Könige, Schäfer und Engel.

Die Krippe war aber nicht immer so übervölkert. Bei den ersten Christen war die Krippe sehr minimalistisch. Jesuskind, Ochs und Esel – alles andere musste draußen bleiben.

Vielleicht haben Sie die Bibel ja gründlich gelesen – und fragen sich nun: Ochse, Esel? Was machen die denn dort? Also noch mal bei Lukas nachlesen. Nein, nichts. Den Evangelisten sind Ochs und Esel unbekannt. Zumindest als Zeugen von Jesu Geburt.

Hat da womöglich ein Witzbold oder Träumer viel später einfach etwas dazuerfunden? Das wäre ja nicht so schlimm – aber es wäre eben nicht, wie es in der ursprünglichen Erzählung von Lukas steht.

Ja und nein. Es wurde später hinzugefügt – aber nicht von einem Scherzkeks und auch nicht ganz beliebig. Um das Rätsel zu lösen, muss man auch das Alte Testament kennen. Vielleicht wollen Sie mal bei Jesaja 1,3 nachlesen: »Der Ochse kennt seinen Besitzer und der Esel die Krippe seines Herrn …« Daher kommen die Tiere also. Denn diese Stelle wurde von manchen Rabbis als die Vorankündigung der Ankunft Jesu Christi betrachtet.

Weihnachtsgeschichte zum Anfassen

Ich finde, dass das Aufstellen einer Krippe ein sehr schöner Brauch ist: Gerade für Kinder ist die Darstellung mit Figuren viel lebendiger als nur eine vorgetragene Geschichte. Es ist etwas unmittelbar Anschauliches. Ich kann mich jedenfalls gut daran erinnern, wie die Krippe beinahe wie eine Theaterbühne erschien, wenn Großvater die Weihnachtsgeschichte vortrug. In meiner Fantasie sah ich geradezu, wie sich die Figuren bewegten, und war tief berührt.

Heute mag eine Krippe antiquiert erscheinen – und doch glaube ich, dass Kinder, die in staunender Andacht vor der Krippe sitzen und die Weihnachtsgeschichte erleben, diese Erinnerung ein Leben lang in sich tragen.

Auch in der Kirche wird an Heiligabend manchmal ein Krippenspiel aufgeführt. Ganz früher war das Krippenspiel der volkstümliche Gegenpol zur Weihnachtsfeier in der Kirche, die – im katholischen Bayern bis in jüngste Zeit – auf Lateinisch gelesen wurde. Doch bald schon kehrte das Krippenspiel in die Kirche zurück. Das war dann der »Unterhaltungsteil« der kirchlichen Weihnachtsfeier. Und es war kein Geringerer als der heilige Franziskus von Assisi, der die Krippe wieder in die Kirche brachte, als er anstatt einer Predigt die Weihnachtsgeschichte mit lebenden Tieren und Menschen darstellte.

Eine Weihnachtskrippe basteln

Wenn man Kinder hat, ist es eine wirklich schöne Angelegenheit, zusammen mit den Kindern in der Adventszeit eine Weihnachtskrippe zu basteln. Es geht nicht darum, Bastelwettbewerbe zu gewinnen. Die Krippe muss ja gar nichts Kompliziertes sein, das war sie auch ursprünglich nicht – und man kann jedes erdenkliche Material dafür verwenden. Niemand erwartet künstlerisch wertvolle Skulpturen. Doch das tatsächliche Be-greifen der Weihnachtsgeschichte hilft gerade den Kindern, in die Bedeutung des Weihnachtsfestes einzutauchen.

Diese Figuren gehören zu einer Weihnachtskrippe:

- natürlich das Jesuskind, das in einer Krippe liegt
- Ochse und Esel
- Maria, Jesu Mutter
- Josef, der Ziehvater Jesu
- Hirten, Schafe, Hirtenhunde
- Die drei Weisen aus dem Morgenland – Caspar, Melchior und Balthasar – mit ihren Geschenken Gold, Weihrauch und Myrrhe
- ein oder mehrere Verkündigungsengel

Vielleicht haben Sie schon die Figuren? Wenn nicht, können Sie sie beispielsweise aus Kastanien selbst machen. Und auch den Stall, in dem die Krippe steht, können Sie mit etwas Pappe, Holz und Fantasie selbst basteln.

So eine Krippe kann dann ein echtes Meditationsobjekt sein. Versuchen Sie es doch einmal:

- Setzen Sie sich, wenn es dunkel geworden ist, vor die beleuchtete Krippe, lassen Sie alle Gedanken los und vertiefen Sie sich in die Szene.

Ich bin mir sicher, dass das ein echtes Weihnachtsgefühl in Ihnen auslösen wird.

Der Weihnachtsbaum

Der Christbaum ist heute der Mittelpunkt der Weihnachtsfeier. Selbst für die Kinder ist der Baum das wichtigste Symbol für Weihnachten. Das Allerwichtigste bleiben natürlich die Geschenke – aber die müssen eben unter dem schön geschmückten Christbaum liegen.
Die allermeisten Familien stellen also einen Weihnachtsbaum auf, selbst dann, wenn sie keine Christen sind. Und der Christbaum wagt sich auch in die Öffentlichkeit: Natürlich steht er in der Kirche, aber auch in öffentlichen Gebäuden, in Schulen und sogar auf allen großen Plätzen in den Städten.
Der Baum ist so vertraut, dass er ganz »natürlich« erscheint. Aber hat es denn schon immer einen Weihnachtsbaum gegeben? Einen geschmückten Baum im Zentrum eines Festes, das kennen wir lange – sogar länger als das Christentum selbst!

Die Symbolik der Bäume

Der Winter wirkt wie eine tote Zeit. Da brauchen Menschen Symbole, die Hoffnung geben, dass der Tod überwunden werden kann und die Natur eine Wiederauferstehung feiern wird. Das beste denkbare Symbol dafür sind natürlich immergrüne Bäume. Der Winter mag noch so grausam sein, die Kälte noch so beißend, der Schnee noch so hoch – der Tannenbaum steht weiterhin grün und aufrecht im Wald.
Aber überhaupt sind Bäume an sich sehr kraftvolle Symbole. Bäume scheinen ewig zu leben. Sie verbinden Himmel und

Erde durch ihre Wurzeln und ihre Krone. Im römischen Mithraskult, der den Gott Mithra mit der Sonne gleichsetzte, schmückte man zur Wintersonnwende einen Baum, um *sol invictus,* die »unbesiegte Sonne«, zu ehren. In den kälteren Gegenden Europas vertrieb man im Winter mit aufgehängten Tannenzweigen boshafte Geister und lud den Frühling zur Wiederkehr ein.

Der Weihnachtsbaum ist also in gewisser Weise uralt und von nichtchristlichen Bräuchen beeinflusst. Doch was heißt das schon? Bäume *sind* nun einmal ein natürliches Symbol für Wiedergeburt, Weisheit, die Verbindung von Himmel und Erde – und so ist es verständlich, dass sich auch das Christentum dieses Symbols bediente. Und es kam eine weitere Baumsymbolik hinzu: Der Weihnachtsbaum stellt eine Parallele zum Paradiesbaum der Bibel dar.

Aber für uns ist doch vor allem von Bedeutung, dass der Weihnachtsbaum und auch das Schmücken des Baums viel zum Zauber des Weihnachtsfestes beitragen. Ich mag mir gar kein Weihnachten ohne Christbaum vorstellen!

Und wie ist das für Anders- und Nichtgläubige? Ich habe schon häufig die Erfahrung gemacht, dass auch sie unter dem Baum ein Fest feiern und sich über die Neugeburt des Lichtes zur Sonnwende freuen. Es gibt einiges, das Menschen voneinander trennt – aber ist es nicht viel schöner, das Verbindende zu sehen?

Ehre, wem Ehre gebührt

Das Leben eines Baumes ist sehr lang, verglichen mit einem Menschenleben.

Wenn Sie Ihren Weihnachtsbaum aussuchen, dann suchen Sie mit Ihrem Herzen – und in dem Bewusstsein, dass ein Samenkorn etwa zehn Jahre braucht, bis es zu einem stattlichen Zwei-Meter-Weihnachtsbaum herangewachsen ist!

Dies im Auge und im Herzen zu behalten erhöht die tief empfundene Freude am geschmückten Baum und schafft gleichzeitig Respekt vor den Geschenken der Natur.

Den Weihnachtsbaum schmücken

Den Weihnachtsbaum wirklich schön zu schmücken ist eine anspruchsvolle Aufgabe. Nun kann man es sich einfach machen und die teuersten handgeblasenen Kugeln und edelsten Dekorationsteile kaufen. Ich meine aber, dass es viel schöner ist, möglichst viel vom Weihnachtsbaumschmuck selbst zu machen – das ist wesentlich authentischer, und man kann bestimmt auch stolzer auf seinen Christbaum sein, wenn etwas eigene Arbeit und Kreativität darin stecken.

DER TRAUM

von Hoffmann von Fallersleben

Ich lag und schlief; da träumte mir
ein wunderschöner Traum:
Es stand auf unserm Tisch vor mir
ein hoher Weihnachtsbaum.

Und bunte Lichter ohne Zahl,
die brannten ringsumher;
die Zweige waren allzumal
von goldnen Äpfeln schwer.

Und Zuckerpuppen hingen dran;
das war mal eine Pracht!
Da gab's, was ich nur wünschen kann
und was mir Freude macht.

Und als ich nach dem Baume sah
und ganz verwundert stand,
nach einem Apfel griff ich da,
und alles, alles schwand.

Da wacht ich auf aus meinem Traum,
und dunkel war's um mich.
Du lieber, schöner Weihnachtsbaum,
sag an, wo find ich dich?

Christbaumschmuck basteln

Ein paar einfache Sternchen und Papierschneeflocken kann sicher jeder machen – auch ohne handwerkliche Begabung.

Sterne und Schneeflocken

Das brauchen Sie:

- eine Schere
- Papier in der gewünschten Farbe

1. Basis für jeden Stern ist ein quadratisches Stück Papier, das sich leicht aus einem Rechteck schneiden lässt: Man faltet ein Blatt diagonal so, dass eine kurze und lange Kante aufeinanderliegen. Das überstehende Rechteck schneidet man ab. Falls das Quadrat jetzt nicht eh schon als Dreieck vor uns liegt, falten wir es diagonal, also eine Ecke auf die gegenüberliegende Ecke. Dieses Dreieck falten wir nun noch einmal und erhalten ein kleineres Dreieck. Und noch mal dasselbe, und das Dreieck wird noch kleiner.
   Die drei Seiten dieses Dreiecks sind verschieden:
   A Alles ist offen; acht Kanten sind zu sehen.
   B Drei Kanten sind zu sehen.
   C Die geschlossene Seite – man hat nur eine Kante.

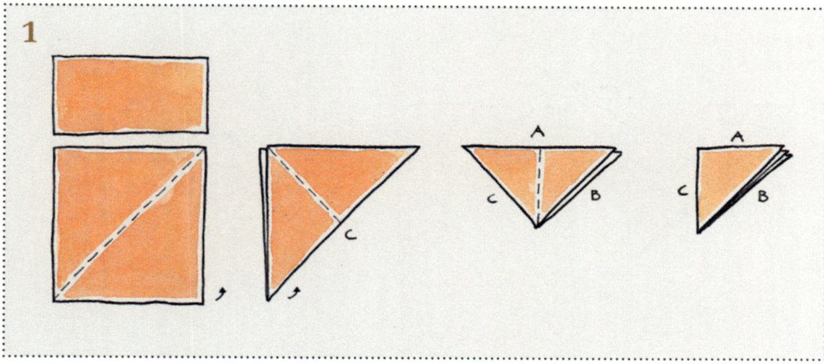

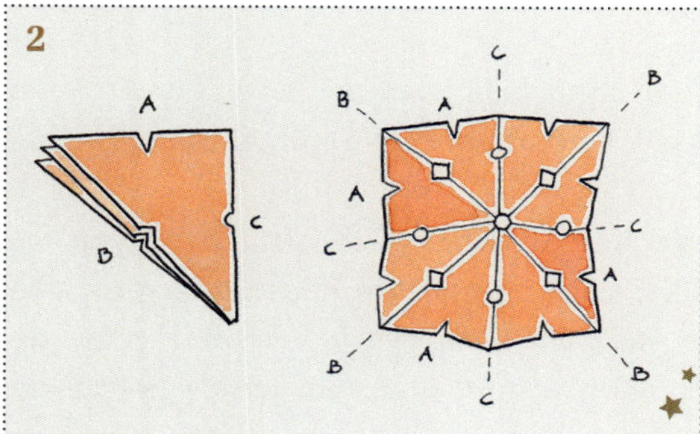

Ich finde, dass ich hier eigentlich aufhören sollte – es macht Spaß herauszufinden, was passiert, wenn man nun an den unterschiedlichsten Stellen etwas herausschneidet. Spielen Sie!

2. Ein paar Tipps will ich aber doch geben: Wenn man die Ecke BC abschneidet, entsteht ein Loch in der Mitte des Papiers. Ein Dreieck in die Kante B geschnitten ergibt vier Rechtecke auf den Diagonalen. Ein Halbkreis in die Kante C geschnitten ergibt vier Kreise auf den Mittellinien. Ein Dreieck in die

3

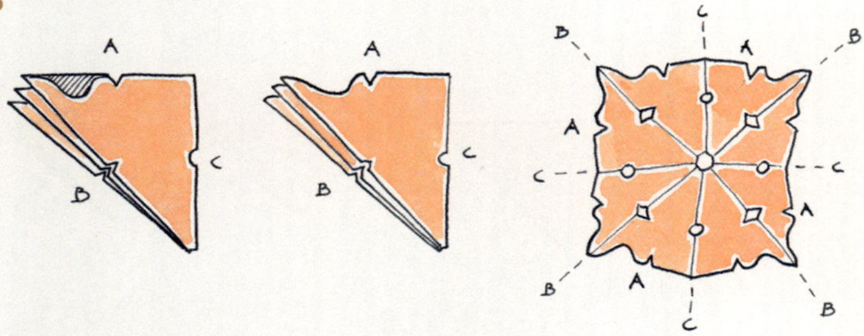

Kante A geschnitten ergibt acht Dreiecke in den Seiten. Wenn Sie das ausprobieren, kommt ein Papier mit einem Lochmuster heraus.

Nach einem Stern sieht das aber noch nicht aus. Wenn Sie kein ungewöhnlich gutes räumliches Vorstellungsvermögen haben, sehen Sie vielleicht nicht gleich auf Anhieb, was geschnitten werden muss, damit eine annähernde Sternform entsteht.

3. Also schneiden wir doch mal ein Stück aus der Kante A heraus und sehen, was passiert. Das ist schon ein bisschen sternartiger. Aber noch nicht richtig.
4. Also schneiden wir an der Kante C eine Form heraus. Und das ergibt beim Aufklappen schon einen recht hübschen Stern.

➤ Nun können Sie kreativ werden und die erstaunlichsten Muster erstellen, zum Beispiel wie auf Abbildung 5.

Mir geht es hier vor allem darum zu zeigen, wie man mit ganz einfachen Mitteln kreativ sein kann. Wenn es Ihnen vor allem auf das Ergebnis ankommt, gibt es Bastelanleitungen mit Schnittmustern, die sehr schöne und komplexe Sterne ergeben. Aber bevor Sie sich an die »Arbeit« machen, spielen Sie doch erst einmal!

4

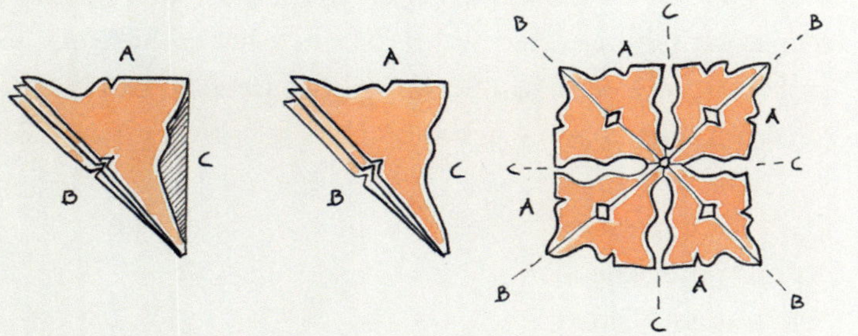

5

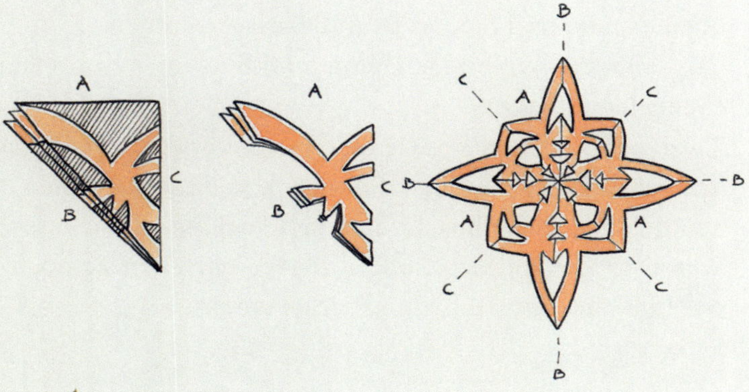

Strohsterne

Wir haben früher keine Papiersterne gemacht, aber Strohsterne. Das passt ja auch gut zur Krippe …
Die Strohsterne sind ganz einfach zu basteln. Früher waren sie sehr beliebt, gerade bei der Landbevölkerung, denn ein wenig Stroh gab es immer, die Sterne sehen schön aus, und es kostet nichts. Heute ist das ein bisschen anders. Die Sterne sind immer noch schön – aber wahrscheinlich haben Sie kein Stroh zu Hause. In jedem Bastelladen gibt es jedoch Bastelstroh, das den Vorteil hat, dass es sich besonders leicht verarbeiten lässt.

Das brauchen Sie:
- Bastelstrohhalme
- Schere und Nähgarn

1. Zuerst machen wir ein Kreuz. Dafür legen wir zwei Halme übereinander und binden sie mit Garn zusammen.
2. Jetzt halbieren wir einige Halme und binden je zwei Hälften ebenfalls zu Kreuzen.
   Zwei dieser kleinen Kreuze binden wir versetzt übereinander und erhalten einen kleinen Stern. Schon diese Sternchen eignen sich gut als Weihnachtsbaumschmuck.
   Wenn wir die Spitzen schräg zuschneiden, sehen sie noch etwas hübscher aus (Abbildung rechts unten).

1

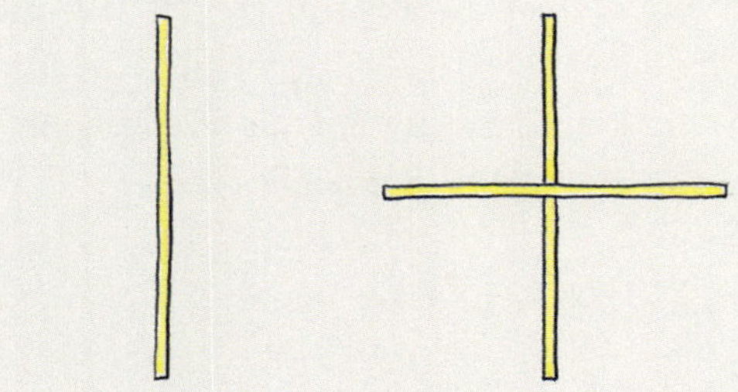

2

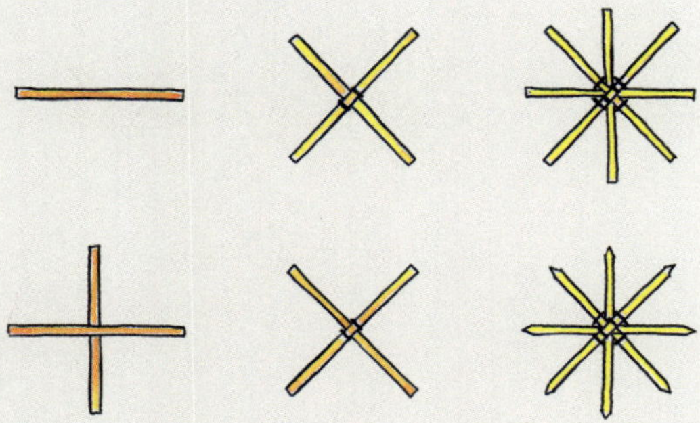

3. Und natürlich können wir jetzt alles kombinieren. Beispielsweise binden wir ein kleines Kreuz mitten auf das große Strohhalmkreuz.
   Und dann binden wir kleine Sterne auf die vier Enden des Kreuzes und basteln so eine große Schneeflocke.

➤ Spielen Sie mit den Möglichkeiten!

3

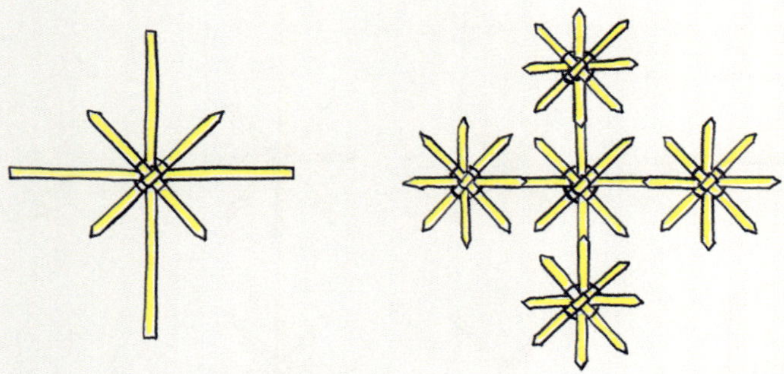

Schmuck und Kerzen: Viel ist nicht immer besser

Ich finde ja, dass die meisten Christbäume völlig überdekoriert sind; gerade die Amerikaner scheinen so etwas zu mögen. Ist es aber nicht viel schöner, den Baum noch als Baum erkennbar zu lassen?

Es gibt zwei Dinge, die mir beim Weihnachtsbaumschmücken wichtig sind: Erstens meine ich, dass man sich Zeit lassen sollte. Ich find's nicht gut, wenn teure Dekoration in rauen Mengen und fünf Pfund Lametta hastig auf den Baum geworfen werden. Nehmt euch Zeit! Jedes Stück Dekoration sollte etwas bedeuten und den Baum verschönern, nicht kaschieren.

Zweitens meine ich, dass man mehr auf Nachhaltigkeit achten sollte. Und dazu gehört vor allem, das Lametta möglichst ganz wegzulassen. Das »Engelshaar«, wie man es auch nannte, war früher aus Zinnfolie, oft mit hohem Bleigehalt. Dann wurde klar, dass das nicht gerade gesund ist – und jetzt ist Lametta meist aus metallisiertem Kunststoff. Wenn man das nach Weihnachten nicht mühevoll aus dem Baum klaubt, wird es mit der Entsorgung der Christbäume schwierig. Und für Katzen ist es wirklich gefährlich: Die lieben es, mit dem Glitzerzeug zu spielen, und verschlucken es – dann muss der Tierarzt an die Arbeit. Also lieber bleiben lassen!

Und wie ist es mit den Kerzen? Es kommt ja immer öfter vor, dass der Christbaum mit elektrischen Lichtern bunt funkelt. Ein Gutes hat das: Es verringert die Brandgefahr. Aber das ist es auch schon. Warum sollte der Baum funkeln? Womöglich

auch noch in allen möglichen Farben? Vielleicht bin ich einfach zu altmodisch – aber ich finde das eher eine Unsitte. Kerzen, möglichst aus Bienenwachs, sind nicht nur schöner. Sie geben ein anderes Licht und eine andere Stimmung. Außerdem laden sie dazu ein, auch wirklich in der Nähe seines Weihnachtsbaums zu bleiben und (mindestens) ein Auge darauf zu haben. Und auch hier meine ich, dass weniger mehr ist: Der Christbaum wird nicht schöner, wenn er hundert Kerzen trägt.

Ein einfacher, liebe- und gedankenvoll geschmückter Baum ist für mich schöner als ein Riesenbaum mit kiloweise Lametta und möglichst teuren Glaskugeln, die von tausend bunten LED-Lämpchen bestrahlt werden.

Das Fest der Geschenke

Geschenke gehören zu Weihnachten wie der Tannenbaum, die Kerzen, die Krippe und die Weihnachtsgans. Aber fragen Sie einmal Ihre Bekannten oder noch besser Kinder, was wohl das Wichtigste am Weihnachtsfest sei. Ganz sicher werden Sie oft zu hören bekommen: »Die Geschenke natürlich!«
Mir ist dieser ganze Konsumtrubel um Weihnachten herum unangenehm. Mir scheint, dass Weihnachten immer mehr zu einem reinen Konsumfest verkommt, und das stimmt mich etwas traurig. Insbesondere dann, wenn bei den Geschenken der Geist des Weihnachtsfestes überhaupt keine Rolle spielt.

Gedanken über den Sinn des Schenkens

Der Gedanke, seinen Liebsten etwas zu schenken, ist ja schön. Und ein Freudenfest wie Weihnachten eignet sich sehr gut dafür. Doch auch das Schenken sollte eine tiefere Bedeutung haben und zum einen Ausdruck dafür sein, dass man an den anderen denkt, dass er im Herzen einen besonderen Platz hat. Sind ein Videospiel, ein teures Schmuckstück, eine Seidenkrawatte wirklich geeignet, um tiefe und echte Gefühle auszudrücken?
Zum anderen ist das Geschenkemachen ein Teil der Weihnachtsgeschichte. Der Evangelist Matthäus schreibt: »Und siehe, der Stern, den sie hatten aufgehen sehen, ging vor ihnen her, bis er über dem Ort stand, wo das Kindlein war. Da sie den Stern sahen, wurden sie hocherfreut und gingen in das

Haus und sahen das Kindlein mit Maria, seiner Mutter, und fielen nieder und beteten es an und taten ihre Schätze auf und schenkten ihm Gold, Weihrauch und Myrrhe.« (Mt 2,10–11) Die Heiligen Drei Könige, die Weisen aus dem Morgenland, brachten dem Messias, dem Jesuskindlein, wertvolle Geschenke dar.

- *Gold*, das auch heute unverändert einen hohen Wert und Reinheit symbolisiert, hat in der Bibel zudem einen engen Bezug zu Gott: Dass die Weisen dem Jesuskind Gold als Gabe bringen, bedeutet, dass dieses Kindlein nicht irgendein Kind, sondern göttlichen Ursprungs ist.
- *Weihrauch*, den wir vielleicht aus der Kirche oder von anderen Räucherritualen kennen, ist ein wertvolles Harz, das für Reinigung, Verehrung und Gebet steht. In Psalm 141,2 sagt David: »Lass mein Gebet als Rauchopfer vor dir stehen.«
- *Myrrhe* kennen wir möglicherweise ebenfalls von Räucherritualen. Der Rauch hat eine leicht betäubende Wirkung und ist auch im heiligen Salböl enthalten, mit dem Könige und Propheten gesalbt wurden – Christus heißt wörtlich übersetzt »der Gesalbte«. Myrrhe steht für das irdische Leben.

Diese drei Geschenke hatten also einen hohen Symbolgehalt. Daran sollten wir auch einmal denken, wenn wir Weihnachtsgeschenke machen.

Was das Christkind wirklich bringt

Nun meine ich natürlich nicht, dass Sie Ihre Freunde, Liebsten und Kinder mit hochsymbolischen Geschenken quälen sollten. Das sicher nicht. Aber ein paar Gedanken sollte man sich beim Schenken eben schon machen.

An erster Stelle steht meiner Ansicht nach die Freude, die das Geschenk auslöst. Das wunderbarste, heiligste Geschenk ist ja nichts wert, wenn der Beschenkte das gar nicht erkennen kann. Wenn Sie Ihrem Fünfjährigen eine edle Räuchermischung mit Weihrauch und Myrrhe schenken … nun, ich denke, Sie können sich selbst ausmalen, wie groß seine Freude darüber ist.

Die Freude, das Jubeln der Seele, ist eine Art Lobpreis dessen, was über uns selbst hinausgeht. Die Freude ist also wichtig bei Geschenken.

Doch die Freude allein ist noch nicht das, was ein schönes Weihnachtsgeschenk ausmacht. Sicher, vielleicht freut sich Ihr Kind über eine Spielzeugpistole, einen Actionfilm, ein Schminkset oder ein Smartphone. Es ist natürlich schön, eine Freude zu bereiten – doch an Weihnachten wäre es noch schöner, wenn das Geschenk ein wenig den Geist der Weihnacht beschwört.

Das heißt beispielsweise, Spiele zu schenken, die nicht Gewalt verherrlichen, sondern Gemeinschaft stiften und Freude bereiten; gute Bücher, schöne Musik, Kleinigkeiten, die von Herzen kommen und zu Herzen gehen.

Das Abarbeiten von Wunschlisten sollte jedenfalls nicht an erster Stelle stehen. Es ist wichtig, dass sich die Kinder freuen und den Zauber der Weihnacht auch auf greifbare materielle Weise erfahren. Doch sollten sie schon auch verstehen lernen, dass das Weihnachtsfest keine Gratisbestellung beim Universum, bei Zalando oder beim Weihnachtsmann ist.

Meine Kinder haben mich einmal gefragt, wie das mit den Geschenken ist. Wie schafft es das Christkind oder der Nikolaus, allen Kindern Geschenke zu bringen? Und warum bekommen reiche Kinder, selbst wenn sie unartig waren, größere und mehr Geschenke als ärmere Kinder, selbst wenn sie sehr brav waren? Dann erklärte ich ihnen (mit mäßigem Erfolg), dass die Geschenke nicht so wichtig seien, und erzählte ihnen die Weihnachtsgeschichte. Während sie meiner Erklärung nur halbherzig folgten, glaubten sie mir aber etwas anderes, das mir dann einfiel: Ich erzählte ihnen nämlich, dass das Christkind nicht die *Geschenke* brächte – sondern die *Freude* an den Geschenken! Das leuchtete ihnen sofort ein. Ich habe meinen Enkeln später immer wieder gern die Geschichte von der Waldweihnacht erzählt, bei der es auch darum geht, was das Christkind wirklich bringt …

Die Waldweihnacht – eine Weihnachtserzählung

Vater, Mutter und ihre Kinder Susanne und Max machten sich auf den Weg ins Nachbardorf, denn sie wollten dort gemeinsam mit allen Verwandten den Heiligen Abend feiern. Der kürzeste Weg führte durch einen Ausläufer des großen Waldes, der wie eine Zunge in die Felder hineinleckte. Es war natürlich schon dunkel, aber Vater hatte jedem eine Laterne in die Hand gegeben – und der Weg war ja bekannt. Keiner weiß daher, wie es geschehen konnte, dass sie vom Weg abkamen und ihn nicht wiederfanden. Sie hatten sich im Wald verlaufen.

Die Kinder waren enttäuscht – würde das Christkind denn Geschenke für sie zurücklassen, wenn sie gar nicht da waren? Der Vater war besorgt: Er hatte Laternen, Kerzen, einen kalten Gänsebraten und Kartoffelsalat dabei; sogar die Geschenke für die Kinder – doch es war kalt im Wald, und vielleicht käme auch ein wilder Eber daher? Die Mutter aber lachte und klatschte in die Hände: »So lasst uns doch hier im Wald feiern – gewiss haben wir den schönsten Christbaum von allen!«

Da fassten alle wieder Mut. Vater stellte die Lampen rings um einen besonders schönen Tannenbaum auf, sie zündeten Kerzen an, sangen Weihnachtslieder, und Mutter erzählte die Weihnachtsgeschichte: wie Maria und Josef ein Dach über dem Kopf suchten und abgewiesen wurden, wie sie schließlich in einem Stall unterkamen, wo das Jesuskind geboren wurde, und wie drei Weise aus dem Morgenland kamen, um Jesus zu beschenken.

Nach der Geschichte war es still geworden. Die Kinder hatten sie schon oft gehört; doch heute klang sie tiefer in ihren Seelen. Sie hatten gerade auch kein Dach über dem Kopf und fühlten sich ein wenig verloren. Langsam wurde es kalt. Da klatschte Mutter wieder in die Hände und sprach: »Lasst uns einen Weihnachtstanz machen – aus Freude über die Geburt der Hoffnung!« Erst etwas zögerlich, doch dann immer freier, tanzten alle vier um den Baum, und bald war ihnen wieder warm.

Vater hatte in einem unbeobachteten Moment die Geschenke unter den Baum gelegt und wartete schon gespannt darauf, wer sie wohl als Erster entdecken würde. Er musste nicht lange warten. »Seht mal!«, rief Max. »Unter unserem Weihnachtsbaum liegen Geschenke!« Mit leuchtenden Augen zogen die Kinder die Päckchen heraus – was auch immer es war, die Freude darüber war größer als jemals zuvor.

Doch nach einer Weile wurde Susanne ganz still und sagte: »Es gibt so viele Kinder auf der Welt. Wie kann da das Christkind allen ihr Geschenk bringen? Da bräuchte man ja tausend Güterzüge. Und warum bringt es reichen Kindern, die eh schon alles haben, die größten Geschenke, auch wenn sie nicht brav waren?«

Vater räusperte sich und sagte: »Nun, die Geschenke bringt das Christkind natürlich nicht persönlich. Aber es hat viele, viele Helfer.«

»Aha«, sagte Susanne und verdrehte ein wenig die Augen.

Und Mutter sagte: »Natürlich bringt das Christkind nicht die Geschenke – das sind ja nur Dinge! Es bringt etwas, das viel wichtiger ist: die Freude an den Geschenken und am Schenken.«

In diesem Augenblick begannen die Kirchenglocken zur Christmette zu läuten – und sie klangen so nah! Die Familie packte alles zusammen und machte sich, mit dem Glockengeläut als Wegweiser, erneut auf die Suche nach dem Weg. Schon nach wenigen Schritten hatten sie ihn gefunden und konnten schließlich doch noch gemeinsam mit ihren Verwandten feiern.

Und wenn man Susanne und Max heute nach ihrem schönsten Weihnachtsfest fragt, dann sind sie sich – obwohl sie auch manchmal streiten und uneins sind – darin immer ganz einig: Ihr allerschönstes Fest war die Waldweihnacht.

Vorweihnachtliches Wichteln: Schenken macht Spaß

Vielleicht kennen Sie den Brauch des »Wichtelns« ja schon lange – aber ich treffe immer wieder Leute, die davon noch nie etwas gehört haben. Das ist schade, denn das Wichteln ist ein wirklich ganz lieber Brauch. Es ist auch ein ganz geselliger Brauch. Man kann bei einer Vorweihnachtsfeier, beispielsweise im Betrieb oder in der Schule, wichteln – oder ein eigenes Fest daraus machen.

Das Wichteln geht so:

- Jeder bringt ein kleines Geschenk mit, das keinen Hinweis auf den Geber trägt – und am besten macht man vorher aus, dass jedes Geschenk noch extra in Zeitungspapier verpackt wird.
- Dieses Geschenk legt man dann in einen bereitgestellten Korb oder eine Truhe, je nachdem, wie viele Leute dabei sind.
- Und dann werden die Geschenke verteilt; am spannendsten ist es, wenn man Lose ziehen lässt: Der, der die Nummer 1 bekommt, darf als Erster ein Geschenk nehmen, Nummer 2 als Zweiter und so weiter.
- Man kann sich nun beim Auspacken einfach freuen – oder noch ein weiteres Spiel daraus machen und raten, von wem welches Geschenk ist.

➤ Um Enttäuschungen und geheimen Ärger zu vermeiden, ist es manchmal gut, wenn man einen Höchstpreis für das Geschenk festlegt. Manche Menschen fühlen sich ja so schnell übervorteilt …

➤ Und noch etwas: Beim Wichteln ist es auch nicht verpönt, Geschenke zu tauschen!

VOM SCHENKEN

von Joachim Ringelnatz

Schenke groß oder klein,
aber immer gediegen.
Wenn die Bedachten die Gabe wiegen,
sei dein Gewissen rein.
Schenke herzlich und frei.
Schenke dabei,
was in dir wohnt
an Meinung, Geschmack und Humor,
sodass die eigene Freude zuvor
dich reichlich belohnt.
Schenke mit Geist ohne List.
Sei eingedenk,
dass dein Geschenk –
du selber bist.

MORGEN KOMMT DER WEIHNACHTSMANN

Morgen kommt der Weihnachtsmann,
kommt mit seinen Gaben.
Alles, was die Kinder freut
und sie später auch nicht reut,
was du bringst an Weihnacht heut,
möcht ich gerne haben.

Bring uns, lieber Weihnachtsmann,
bring auch morgen, bringe
bunte Kerzen, Lachen, Glück,
Pferd und Esel, Zuckerstück,
bring die schöne Zeit zurück,
lauter schöne Dinge.

Doch du weißt ja unsern Wunsch,
kennest unsere Herzen.
Kinder, Vater und Mama,
auch sogar der Großpapa,
alle, alle sind wir da,
warten dein mit Schmerzen.

Text: Hoffmann von Fallersleben (1835), Musik: Volksweise

Nikolaus, Christkind oder Weihnachtsmann?

Auch heute noch gibt es Kinder, die glauben, dass der Weihnachtsmann die Geschenke bringt. Andere glauben ans Christkind oder an den Nikolaus. Doch wer von den dreien ist nun der »echte« Geschenkebringer?

Christkind und Nikolaus

Ich bin mit dem Christkind groß geworden. Ist mit ihm Jesus selbst gemeint? Nun ja, auch das Jesuskind in der Krippe ist das Christkind. Doch das weihnachtliche Christkind hat eine eigene Geschichte.

Früher war es der Nikolaus, der die Geschenke brachte. Allerdings nicht zu Weihnachten, sondern vernünftigerweise am Nikolaustag, also am 6. Dezember. Der Nikolaus aber war ja ein Heiliger – und die mochte Martin Luther nicht. Das heißt, wahrscheinlich bewunderte er sie schon, aber er war strikt gegen die Verehrung von Heiligen. Luther war ein sehr kreativer Mensch und erfand flugs eine Alternative zum Heiligen: Er verlegte die ganze Sache mit den Geschenken auf das Weihnachtsfest, und das Christkind war geboren. Also nicht nur Jesus, sondern auch das symbolische gabenbringende Kindlein im Engelsgewand.

Die Geschenke brachte auch bei uns daheim das Christkind – aber der Nikolaus brachte uns schon am 6. Dezember ein paar Süßigkeiten. Das fand ich als Kind natürlich sehr gut so.

Und was ist mit dem Weihnachtsmann?

Wer ist das? Ist er tatsächlich eine Erfindung der Firma Coca-Cola? Was hat ein dicker Mann mit Rauschebart, Zipfelmütze und Rentierschlitten mit Weihnachten zu tun?
Es gibt – gerade unter traditionsbewussten Christen – einige, die den »Weihnachtsmann« vehement ablehnen. Ich verstehe das Gefühl und den Gedanken dahinter. Doch so ganz teile ich die Abneigung nicht. Erst einmal tauchen in der europäischen Tradition durchaus einige Aspekte des Weihnachtsmanns auf. Im Norden Europas gab es schon zu germanischen Zeiten eine recht ähnliche Gestalt: ein bärtiger alter Mann, der zur Winterzeit Nüsse bringt, einen Pelzmantel trägt und mit einem Rentierschlitten kommt – und der in Lappland wohnt. Gelehrte sind der Meinung, dass es sich bei dieser Gestalt um eine Mischung aus Odin, dem Göttervater, und seinem Sohn Baldr, der für seine Friedfertigkeit und Güte berühmt war, handelt. Der Weihnachtsmann ist also im Grunde … Odin? Nun ja, das wäre wohl übertrieben. Aber bemerkenswert ist es doch.

Wer hat's erfunden?

Es stimmt auch nicht, wenn behauptet wird, der Weihnachtsmann sei durch und durch amerikanisch. Dabei ist ausgerechnet der Dichter der deutschen Nationalhymne nicht ganz unbeteiligt daran, dass der Weihnachtsmann in Deutschland solche Verbreitung gefunden hat. Hoffmann von Fallersleben schrieb nämlich nicht nur die Nationalhymne und etliche weithin bekannte Kinderlieder wie »Alle Vögel sind schon da«, sondern im Jahr 1835 eben auch »Morgen kommt der Weihnachtsmann« (siehe Seite 90). Hier seine erste Strophe:

Morgen kommt der Weihnachtsmann,
kommt mit seinen Gaben.
Trommel, Pfeife und Gewehr,
Fahn und Säbel und noch mehr,
ja ein ganzes Kriegesheer,
möcht' ich gerne haben.

Häufig hört man, dass der Weihnachtsmann eigentlich von Coca-Cola erfunden wurde. Ist da etwas dran? Nun, tatsächlich beauftragte die Coca-Cola-Company 1931 den Grafiker Haddon Sundblom, den Weihnachtsmann zu zeichnen; und seine Interpretation ist die bis heute bekannteste Version des Weihnachtsmanns.

Er ist also eine Mischung aus dem heiligen Nikolaus, Knecht Ruprecht, nordischen Göttergestalten und einer amerikanischen Werbefigur. Aber wir sollten doch ein wenig Milde walten lassen: Viele Kinder glauben von ganzem Herzen an den gütigen alten Mann, der am Nordpol wohnt, mit Rentieren magisch durch die Lüfte fliegt, ihnen Geschenke bringt und den Zauber der Weihnacht in ihren Herzen weckt. Er ist ein Symbol für das Märchenhafte, Überirdische, für Güte, Freundlichkeit und den Geist des Weihnachtsfestes.

Und das ist doch schon etwas Wertvolles – solange wir dabei nicht unsere alten Bräuche und Traditionen vergessen.

Steckbrief: Nikolaus, Weihnachtsmann und Christkind

Nikolaus	Weihnachtsmann	Christkind
Bischofsmitra	Zipfelmütze	Heiligenschein
Bischofsstab	Glocke	Flügel
Bischofsmantel	Rote Jacke und Hose mit weißem Pelzbesatz	Hemdchen
Lebte tatsächlich im dritten Jahrhundert in Myra	Wurde in der heutigen Form in den USA erfunden, wahrscheinlich 1823	Entwickelte sich aus den Darstellungen Jesu als Kind
Ist zu Fuß unterwegs und kommt durch die Haustür	Fliegt auf einem Rentierschlitten und kommt durch den Kamin	Bringt die Geschenke unsichtbar
Steht für Mitgefühl mit den Armen und Nächstenliebe	Steht für Konsum, Geschenke und Coca-Cola – aber auch für Güte und den Geist der Weihnacht	Steht für das Kind Jesus, das im Mittelpunkt des Festes stehen sollte
Vollbart, normales Aussehen	Rauschebart, Knollennase, Pausbacken	engelsgleich

Lieder, Gedichte und Spiele

So wird das Warten aufs Christkind leichter

Auf die Bescherung zu warten kann sehr nervenzehrend sein. Da helfen Spiele. Beim Spielen vergeht die Zeit im Nu – zumindest, wenn die Spiele einigermaßen spannend sind. Eine andere Möglichkeit, die Wartezeit abzukürzen, besteht darin, schon einmal ein paar Lieder oder Gedichte einzuüben, die dann am Abend vorgetragen werden. Ich werde also ein paar Spiele vorschlagen und einige Gedichte vorstellen – doch zunächst möchte ich ein bisschen was zu den Weihnachtsliedern sagen. Und meine allerliebsten, meine weihnachtliche Hitparade, sowie eines der bekanntesten finden sich im Anschluss.

Lieder für die Stimmung

Weihnachtslieder gab es im frühen Christentum noch nicht. Erst im Mittelalter tauchen Weihnachtslieder auf – allerdings sang man diese nicht bei der Familienfeier, sondern nur im Gottesdienst. Die Lieder hatten natürlich auch keine deutschen, sondern lateinische Texte.

Durch Martin Luther wurde das Singen von Weihnachtsliedern im Gemeindegottesdienst populärer. Er hatte ja die Idee, die Messe in deutscher Sprache abzuhalten – und auch die Lieder sollten möglichst in deutscher Sprache sein. So schuf er selbst eine Reihe von Weihnachtsliedern in deutscher Sprache; meist übersetzte er dafür bereits bestehende lateinische Lieder. Er scheute sich auch nicht, volkstümliche Melodien in seine Liedersammlung aufzunehmen. 36 Lieder sind von ihm überliefert, und sein »Vom Himmel hoch« ist auch heute noch eines der bekanntesten Weihnachtslieder.

Zweihundert Jahre nach Luther wurde die häusliche Weihnachtsfeier immer beliebter. Das 19. Jahrhundert war die Blütezeit der Weihnachtslieder; auch die meisten Lieder, die ich in diesem Buch vorstelle, stammen aus dieser Zeit.

Vom Himmel hoch

Dieses Lied schrieb und komponierte Martin Luther 1535 für die Weihnachtsbescherung seiner fünf Kinder – die zwischen einem und neun Jahre alt waren. Er war erst mit 43 zum ersten Mal Vater geworden, aber mithilfe seiner Frau Katharina von Bora, einer ehemaligen Nonne, holte er schnell auf.

Luther war im Herzen ein Musiker. Er sang schon als Knabe im Kirchenchor, und zu seinem Studium der »Sieben Freien Künste« gehörte neben Grammatik, Rhetorik, Dialektik, Arithmetik, Geometrie, Astronomie auch die Musik.

Während des Studiums lernte er, die Laute zu spielen, Noten zu schreiben und zu komponieren. Er kannte die berühmten Musiker seiner Zeit wie Josquin Desprez und Ludwig Senfl.

Musik war für Luther stets etwas ganz Besonderes. Er schätzte die Musik genauso hoch ein wie die Theologie, wenn es ums Seelenheil des Menschen ging, denn die Musik sei »den Teufeln zuwider und unerträglich«. Wie viel Luther die Musik bedeutete, zeigt sich auch in einer seiner Schriften: »Könige, Fürsten und Herren müssen die Musica erhalten. Denn großen Potentaten und Regenten gebühret, über guten freyen Künsten und Gesetzen zu halten. Man muß Musicam von Noth wegen in Schulen behalten. Die Jugend soll man stets zu dieser Kunst gewöhnen, denn sie machet fein geschickte Leute.« Das finde ich auch.

VOM HIMMEL HOCH

Vom Himmel hoch, da komm ich her,
ich bring euch gute neue Mär,
der guten Mär bring ich so viel,
davon ich sing'n und sagen will.

Euch ist ein Kindlein heut geborn,
von einer Jungfrau auserkorn,
ein Kindelein, so zart und fein,
das soll eu'r Freud und Wonne sein.

Es ist der Herr Christ, unser Gott,
der will euch führ'n aus aller Not,
er will eu'r Heiland selber sein,
von allen Sünden machen rein.

Er bringt euch alle Seligkeit,
die Gott der Vater hat bereit',
dass ihr mit uns im Himmelreich
sollt leben nun und ewiglich.

Text und Musik: Martin Luther (1535)

ES WIRD SCHO GLEI DUMPA

Dies ist ein besonders schönes österreichisches Weihnachtslied – und eines meiner Lieblingslieder. Die Melodie ist schon recht alt und basiert auf dem Marienlied »Maria zu lieben ist allzeit mein Sinn«. Der Geistliche Anton Reidinger kannte die Melodie wahrscheinlich schon, als er den Text vermutlich 1865 in Bad Ischl schrieb.
Das »å«, das in der Umschrift des mundartlichen Textes oft vorkommt, ist typisch für die süddeutsche Mundart. Wenn Sie es nicht kennen: Formen Sie den Mund, als wollten Sie ein »a« sprechen, sprechen dann aber »o«, ohne die Lippen zu runden.

1. Es wird scho glei dumpa, es wird scho glei Nacht,
drum kümm i zu dir her, mei Heiland, auf d'Wacht.
Will singen a Liadl dem Liebling, dem kloan,
du magst ja net schlafn, i hör di nur woan.
Hei hei, hei hei! Schlåf süaß, herzliabs Kind!

2. Vergiss hiaz, o Kinderl, dein Kummer, dei Load,
dåss d' dåda muasst leidn im Ståll auf da Hoad.
Es ziern jå die Engerl dei Liegerstått aus.
Möcht schöna nit sein drin in König sei Haus.
Hei hei, hei hei! Schlåf süaß, herzliabs Kind!

3. Jå Kinderl, du bist hålt im Kripperl so schen,
mi ziemt, i kånn nimmer då weg von dir gehn.
I wünsch dir von Herzen die süaßeste Ruah,
die Engerl vom Himmel, die deckn di zua.
Hei hei, hei hei! Schlåf süaß, herzliabs Kind!

4. Måch zua deine Äugal in Ruah und in Fried
und gib mir zum Åbschied dein Segn no gråd mit!
Åft werd jå mei Schlaferl a sorgenlos sein,
åft kånn i mi ruahli aufs Niederlegn gfrein.
Hei hei, hei hei! Schlåf süaß, herzliabs Kind!

Text: Anton Reidinger (1865), Musik: anonym

ES WIRD SCHON GLEICH DUNKEL

Alle, die nicht aus dem Süddeutschen kommen, tun sich vielleicht ein wenig schwer mit der Mundart. Daher habe ich hier noch eine hochdeutsche singbare Fassung aufgeschrieben.

1. Es wird schon gleich dunkel, es wird ja schon Nacht,
drum komm ich zu dir her, mein Heiland zur Wacht.
Wir singen ein Liedchen, dem Liebling, dem klein'n
du kannst wohl nicht schlafen, ich hör dich nur wein'n.
Ei, ei, ei, ei, schlaf süß, herzlieb's Kind.

2. Vergiss jetzt, o Kindlein, dein' Kummer, dein Leid,
dass dort du musst leiden im Stall auf der Heid.
Es zier'n ja die Engel dein Krippelein aus,
möcht schöner nicht sein im König sei'm Haus.
Ei, ei, ei, ei, schlaf süß, herzlieb's Kind.

3. O Kindlein, du liegst dort im Kripplein so schön;
mir scheint, ich kann niemals mehr fort von dir gehn.
Ich wünsch dir von Herzen die süßeste Ruh;
die Engel vom Himmel, die decken dich zu.
Ei, ei, ei, ei, schlaf süß, du schön's Kind.

4. Schließ zu deine Äuglein in Ruh' und in Fried'
und gib mir zum Abschied dein' Segen nur mit.
Dann wird auch mein Schlaf ganz sorgenlos sein,
dann kann ich mich ruhig aufs Hinlegen freu'n.
Ei, ei, ei, ei, schlaf süß, herzlieb's Kind.

IN DULCI JUBILO

Ein bisschen Latein schadet sicher nicht. Einen kleinen Anfang kann man mit diesem uralten und wunderschönen Lied machen. Es wurde wohl um 1328 von dem Mystiker Heinrich Seuse, der von der katholischen Kirche als Seliger verehrt wird, geschrieben. Der Text ist ein »makkaronisches Gedicht«, das heißt, deutsche und lateinische Zeilen wechseln miteinander ab. Nun sollte man das schöne Lied einfach genießen und nicht Latein pauken; aber wenigstens die erste Strophe möchte ich doch ins Deutsche übersetzen: »Mit süßem Jubel / singt jetzt und seid froh! / Unsers Herzens Wonne liegt in der Krippe, / und leuchtet wie die Sonne / im Schoß der Mutter. / Du bist der Anfang und das Ende.«

1. In dulci jubilo,
nun singet und seid froh!
Unsers Herzens Wonne
liegt in praesepio
und leuchtet als die Sonne
matris in gremio.
Alpha es et O, Alpha es et O.

2. O Jesu parvule,
nach dir ist mir so weh!
Tröst mir mein Gemüte,
o puer optime,
durch alle deine Güte,
o princeps glorie,
trahe me post te, trahe me post te.

3. O Patris caritas!
O Nati lenitas!
Wir wär'n all verloren
per nostra crimina.
So hat er uns erworben
coelorum gaudia!
Eia, wär'n wir da, eia, wär'n wir da!

4. Ubi sunt gaudia,
nirgend mehr denn da,
wo Englein singen
ova cantica
und die Schellen klingen
in regis curia.
Eia, wär'n wir da, eia, wär'n wir da!

Text: Heinrich Seuse (ca. 1328), Musik: anonym

ES IST EIN ROS ENTSPRUNGEN

Ich glaube, das ist mein liebstes Weihnachtslied. Jahrelang habe ich gemeint, dass von einem Pferd, einem Ross, die Rede sei … Aber dass ich das Lied so mag, kommt vielleicht auch daher, dass ich eine ganz wunderbare Version davon als Kind hörte – und zwar oft. Mein Freund Manni hatte eine ganz außergewöhnliche Kinderstimme – und er ist dann später tatsächlich ein erfolgreicher Opernsänger geworden. Jedenfalls durfte er in der Kirche an Weihnachten das Lied, von der Kirchenorgel begleitet, vor der versammelten Gemeinde singen. Natürlich hatte er zuvor fleißig geprobt, und ich bin oft mit ihm gekommen, habe zugehört, und der Kantor ließ mich zum ersten Mal auf der Orgel spielen. Deshalb ist dieses Lied mir wie kein anderes verbunden.

Ursprünglich hatte es nur zwei Strophen und wird seit dem 16. Jahrhundert überliefert; im »Speyrer Gesangbuch« von 1599 steht auch schon die Melodie. Das Lied wurde von Katholiken und Protestanten gleichermaßen geliebt, aber ins evangelische Gesangbuch kam es erst, nachdem Michael Praetorius um das Jahr 1600 herum den Text abgeändert hatte. Mein Lieblingskomponist dieser Zeit schrieb nämlich nicht nur einen vierstimmigen Chorsatz zu dem Lied, sondern auch eine etwas andere zweite Strophe. Die ältere, katholische Fassung betont besonders die Jungfräulichkeit Mariens: »Aus Gottes ewgem Rat / hat sie ein Kind geboren, / und blieb ein reine Magd.« Praetorius aber war Protestant und endete mit »… wohl zu der halben Nacht.« Da hat's dann auch den Evangelischen gepasst.

So können Sie also wählen. Und wenn Sie sich nicht auf eine Seite schlagen wollen, gibt es auch noch eine ökumenische Fassung, die so endet: »… welches uns selig macht.«

1. Es ist ein Ros' entsprungen
aus einer Wurzel zart.
Wie uns die Alten sungen,
von Jesse kam die Art
und hat ein Blümlein 'bracht
mitten im kalten Winter,
wohl zu der halben Nacht.

2. Das Röslein, das ich meine,
davon Jesaias sagt,
hat uns gebracht alleine
Marie, die reine Magd.
Aus Gottes ewgem Rat
hat sie ein Kind geboren,
wohl zu der halben Nacht.

3. Das Röselein so kleine,
das duftet uns so süß,
mit seinem hellen Scheine
vertreibts die Finsternis.
Wahr' Mensch und wahrer Gott;
hilft uns aus allem Leide,
rettet von Sünd' und Tod.

Textfassung: Michael Praetorius (1609), Friedrich Layriz (1844, 3. Strophe),
Musik: anonym

Weihnachtliche Spiele

Als wir Kinder waren, gab uns Vater am Heiligen Abend immer einen Haufen Aufgaben. Wir mussten ins Dorf laufen und noch etwas einkaufen; im Stall musste etwas gemacht werden, und der Hof musste natürlich gerade an Heiligabend gekehrt werden. Das alles hatte aber eigentlich nur den Sinn, uns Kinder aus der Stube fernzuhalten, wo Vater und Großvater den Tannenbaum herrichteten. Wir waren ja so gespannt auf den Abend! Ohne Beschäftigung wäre das Warten doch zu hart gewesen.

Und natürlich lenkten uns auch Spiele ab. Weihnachten, als Familienfest, ist ohnehin eine wunderbare Zeit für Spiele. Wer Brett- und Gesellschaftsspiele oder Kartenspiele mag, der findet heute eine riesige Auswahl; Spiele-Erfinder ist inzwischen ein richtiger Beruf. Und es sind wirklich sehr gute Spiele darunter.
Aber es geht auch ganz ohne große Spielanleitung und ausgeklügelte Szenarien. Ein paar solcher Spiele möchte ich nun vorstellen – um die Kinder am Weihnachtsabend ruhig zu halten oder um mit der ganzen Familie zu spielen. Einfach weil es Spaß macht!

Der Duft der Weihnacht

Für mich ist Weihnachten vor allem mit Düften verbunden. Wenn Mutter und Großmutter Plätzchen backten, duftete es im ganzen Hof nach Zimt und Nüssen. Mein Bruder Michael und ich versuchten dann zu raten, welche Plätzchen – meine Großmutter kannte unglaublich viele Plätzchenrezepte – gerade im Ofen waren.
Mit den Düften der Weihnachtszeit kann man leicht ein kleines Spiel machen, das nicht nur Spaß macht, sondern bei dem die Kinder auch ihre Sinne üben können.

Das brauchen Sie:

- Am besten nimmt man ein paar leere Teedosen oder Schachteln – natürlich muss man darauf achten, dass sie nicht selbst bereits stark riechen; gerade Teedosen duften noch lange, nachdem sie leer sind! Die Dosen, Schachteln oder Töpfe sollten einen Deckel haben, damit man nicht sieht, was sich darin verbirgt.
- In diese Behälter füllt man dann alle möglichen Dinge. Möglichst natürlich solche, die mit Weihnachten zu tun haben, beispielsweise Wachskerzen, Nüsse, Schokolade, Mandarinen, Lebkuchen, Tannenzweiglein – alles, was in irgendeiner Weise zum Fest passt.

Nun kann das Spiel beginnen:

➤ Reihum nimmt jeder ein Gefäß, schließt die Augen, hebt den Deckel, schnuppert und beantwortet diese Fragen:
Was riechst du?
An was erinnert dich der Duft?
Was spürst du?
Weißt du, was es ist?

Bei diesem Spiel geht es nicht darum zu gewinnen, sondern einfach um die Sinneserfahrung und den Spaß!

Variante: Duftpaare finden

Es gibt ein weiteres Spiel, das ebenfalls Düfte verwendet. Dazu sollten jedoch

- die Behälter alle gleich aussehen und
- immer zwei den gleichen Duft enthalten.

➤ Man stellt die Behälter bunt durcheinander. Dann kann das Spiel beginnen.

➤ Ein Spieler nimmt einen Behälter, schließt die Augen und schnuppert daran. Dann schließt er den Behälter wieder, stellt ihn ab und nimmt einen zweiten, an dem er ebenfalls schnuppert. Ist es der gleiche Duft, nimmt er die Behälter an sich und ist noch einmal dran. Wenn nicht, ist der nächste Spieler an der Reihe.

➤ Wer findet die meisten Paare?

Weihnachtsfühlen

Beim vorigen Spiel haben wir schon mit den Sinnen, das heißt, genauer gesagt, mit dem Geruchssinn gespielt. Das geht natürlich ebenso mit einem anderen vernachlässigten Sinn, dem Tastsinn. Es ist so einfach, spannende Spiele zu machen, für die man keine Geräte und keinen Computer braucht!
Ein paar Möglichkeiten:

Der Korb des Weihnachtsmanns

Das brauchen Sie:

- Man nimmt einen Karton, eine Kiste oder einen großen Korb und legt dort verschiedene Dinge hinein, die mit Weihnachten zu tun haben.
- Christbaumkugeln, Kerzen, Glöckchen, Handschuhe, Mütze, Tannenzweige, Nüsse, Mandeln, Äpfel, Mandarinen ... Alles kommt in den Korb oder die Kiste.
- Obendrauf kommt ein Tuch.

Nun kann das Spiel beginnen:

➤ Der erste Spieler steckt seine Arme unter dem Tuch in die Kiste und nimmt eines der Dinge in die Hand, betastet es, beschreibt, was er da fühlt, und rät schließlich, was es ist.

➤ Manchmal ist das zu einfach. Man kann das Spiel dann etwas schwieriger gestalten, indem der Spieler nur eine Hand benutzen darf.

➤ Noch immer zu einfach? Dann probieren Sie es doch einmal mit Handschuhen!

Das weihnachtliche Tastsäcklein

Sicher gibt es auch bei Ihnen einen Kartoffelsack im Haus? Nicht? Das macht nichts. Ein Kopfkissenbezug oder eine große Serviette ist schnell in ein Säcklein verwandelt.
Einer kann bei dem Spiel nicht mitmachen, leider. Das wird dann wohl Vater oder Mutter sein. Denn einer muss die Säcklein ja füllen. Aber wenn es genug Säcklein sind, macht es eigentlich nichts – dann darf auch der Sackfüller mitspielen.

Das brauchen Sie:

- Am besten macht man drei bis fünf kleine Säcke.
- Gefüllt werden sie wie beim »Korb des Weihnachtsmanns«, zum Beispiel mit Kerzen, Nüssen, Äpfeln – und was Ihnen sonst noch so einfällt.

Und nun geht's los:

➤ Jeder fühlt und tastet die Weihnachtssäcklein ab und schreibt auf, was er glaubt zu fühlen. Oder noch besser: Er malt es!
➤ Aber nicht die anderen sehen lassen!
➤ Man kann einfach so lange herumtasten, bis jeder meint, fertig zu sein – oder aber man stellt eine Eieruhr und begrenzt die Zeit: Das macht es ein wenig spannender.
➤ Wer wird der Tastmeister?

Der Nikolaus packt seinen Sack

Dieses Spiel ist sehr bekannt als »Ich packe meinen Koffer …« Das können wir einfach weihnachtlicher machen, indem wir nur Dinge, die zur Weihnachtszeit gehören, einpacken. Und natürlich packen wir keinen Koffer, sondern einen Sack.

➤ Alle Mitspieler sitzen im Kreis. Und dann fängt einer an: »Ich pack in meinen Niklaussack …« Den Gegenstand sucht natürlich jeder Spieler selbst aus. Also beispielsweise: »Ich pack in meinen Niklaussack eine Christbaumkugel.«

➤ Jetzt ist der nächste Spieler in der Runde dran. Er wiederholt den Satz und fügt etwas hinzu: »Ich pack in meinen Niklaussack eine Christbaumkugel … und eine Kerze.«

➤ Der Nächste ist dran: »»Ich pack in meinen Niklaussack eine Christbaumkugel … und eine Kerze … und eine Mandarine.«

➤ So geht das Spiel im Kreis weiter, bis einer einen Fehler macht. Das heißt, dass die anderen Mitspieler sehr gut aufpassen müssen – sie müssen sich nicht nur merken, was alles schon im Sack ist, sondern auch, ob der Spieler, der gerade dran ist, auch alles richtig macht.

➤ Wer dabei ertappt wird, dass er etwas Falsches sagt oder hängen bleibt, muss ein Pfand abgeben.

➤ Wenn einer ein Pfand abgeben musste, geht das Spiel von vorn los. Der, der das Pfand geben musste, darf nun anfangen.

Das Pfandauslösen

Das Niklaussack-Spiel kann man einfach so spielen, so lange man mag. Die Pfänder braucht man nicht unbedingt und kann sie auch weglassen. Aber *wenn* wir Pfänder sammeln (auch bei anderen Spielen), müssen wir uns natürlich Gedanken darüber machen, was dann mit den Pfändern passiert.
Am besten gefällt mir diese Methode:

➤ Wir legen alle gesammelten Pfänder unter ein großes Tuch.
➤ Einer der Spieler greift nun blind einen Gegenstand unter der Decke, lässt ihn vorerst dort und fragt in die Runde: »Was macht das Pfand in meiner Hand?«
➤ Nun, das Pfand macht natürlich gar nichts. Es dreht sich darum, was der Besitzer des Pfandes tun soll – das reimt sich nur nicht. Am besten denkt sich die Spielgruppe gemeinsam eine Aufgabe aus. Das kann von ganz einfachen Dingen bis zu wirklich schwierigen gehen:

- ein Tier oder eine Person nachmachen
- auf einem Bein hüpfen
- ein Lied singen
- einmal ums Haus laufen
- in eine Zitrone beißen
- sich eine Minute lang kitzeln lassen

und so weiter. Die Möglichkeiten sind fast unendlich.

➤ Wenn der Besitzer des Pfandes geoutet und die Aufgabe erledigt ist, gibt's Applaus und das Pfand zurück. Und wenn alle ihre Pfänder ausgelöst haben, ist die Bescherung schon ein Stück näher gerückt.

Die Weihnachtsbörse

Dieses Spiel kannte ich als Kind nicht. Aber meine Enkel haben es mir als das »Börsenspiel« beigebracht – und ich finde es so lustig und unterhaltsam, dass ich meine, dass es gerade das Richtige ist, um sich vom nervösen Warten auf die Bescherung abzulenken.

Das brauchen Sie:

- Walnüsse oder etwas Ähnliches – und zwar eine weniger, als es Spieler gibt. Aus Erfahrung möchte ich darauf hinweisen, dass man keine Mandarinen oder andere Dinge, die sich zerquetschen lassen, nimmt – das wird sonst eine Riesensauerei!
- ein Kartenspiel – man kann normale Spielkarten verwenden oder sich selbst welche herstellen. Es kommt hier nicht auf die traditionellen Kartenwerte an, sondern darauf, dass es so viele Kartengruppen gibt wie Mitspieler.

Wenn ich diesen Satz lese und mir vorstelle, dass ich noch nie etwas von dem Spiel gehört habe, glaube ich, dass ich jetzt immer noch nicht wüsste, was gemeint ist. Also ein paar Beispiele:

Vier Spieler: Bei den traditionellen französischen Karten nimmt man fünf Karten von jeder Farbe heraus. Also fünf Karo, fünf Herz, fünf Kreuz und fünf Pik.

Bei den traditionellen deutschen Karten sind es Eichel, Gras, Herz, Schellen – auch davon je fünf Karten; der Wert spielt wieder keine Rolle. Jedenfalls sind es 20 Karten, die für das Spiel verwendet werden.

Fünf oder mehr Spieler: Am besten bastelt man sich dann selbst Karten, beispielsweise aus Karteikarten. Jeweils fünf Karten werden mit demselben Symbol beschriftet.

Bei *fünf* Spielern könnten das sein: Kreis, Viereck, Dreieck, Kreuz, Herz; bei *sechs* Spielern macht man noch fünf Wellenkarten; bei *sieben* Spielern noch fünf neue, beispielsweise mit Tannenbaum.

Bei fünf Spielern hat man 25 Karten, bei sechs Spielern 30 Karten, bei sieben Spielern 35. Ich hoffe, jetzt ist es klar.

Und jetzt geht das Spiel los:

- Die Spieler sitzen im Kreis. In der Mitte des Kreises liegen die Walnüsse. Erst einmal werden die Karten gemischt und verteilt. Jeder bekommt fünf Karten.
- Das Ziel ist nun, fünf Karten von der gleichen Sorte zu bekommen. Bei diesem Spiel geht es aber nicht gesittet zu wie bei anderen Spielen, sondern sehr turbulent – wie auf der Börse.

- Jeder ruft einfach auf, wie viele Karten er tauschen möchte. Wenn einer tauschen möchte, wird getauscht. Aber man muss schnell reagieren! Es geht nicht reihum, jeder schreit einfach los. So entwickelt sich ein reger Tauschhandel.
- Wenn es einem Spieler gelungen ist, alle fünf Karten einer Sorte zu ergattern, nimmt er sich eine Walnuss aus der Mitte. Das kündigt er nicht groß an – im Gegenteil: Er tut es möglichst verstohlen.
- Wenn man sieht, dass einer eine Nuss genommen hat, darf man auch eine nehmen. Aber schnell! Denn es ist ja eine Nuss zu wenig im Spiel – und einer geht leer aus.
- Der Verlierer kann dann ein Pfand abgeben.

Wir haben bei dem Spiel so gelacht wie bei keinem anderen. Besonders lustig ist es, wenn einer ganz heimlich schon seine Nuss genommen hat und trotzdem weiter zu bieten scheint. Manchmal dauert es eine ganze Weile, bis die anderen merken, dass schon eine Nuss fehlt – und dann wird es hektisch, und alle greifen zu. Aber einer ist immer zu langsam …

Gedichte zum Fest

Das Auswendiglernen von Gedichten ist keine stumpfsinnige Angelegenheit, Schikane oder Qual, sondern eine wertvolle Übung. Es bereichert wirklich ungemein, wenn man wenigstens ein paar Gedichte, Aphorismen oder Erzählungen wirklich geordnet im Kopf hat. Unsere Vorfahren in der vorchristlichen Zeit kannten lange Epen auswendig – die Überlieferung erfolgte vor allem mündlich; schriftliche Aufzeichnungen sind selten. Das ist ein wenig schade, da wir deshalb kein eindeutiges Wissen aus dieser Zeit haben. Es ist wohl größtenteils verloren gegangen, lebt aber in Traditionen, Bräuchen, Märchen und Ortsnamen im Stillen weiter.

Doch das Lichtfest ist eine gute Gelegenheit, unser Gedächtnis mal wieder ein wenig zu trainieren. So wichtig das geschriebene Wort ist, so wichtig ist ein klarer, geordneter Geist. Ich würde Kinder zwar nicht zwingen, Gedichte auswendig zu lernen, doch sie darin zu fördern ist sicherlich sehr sinnvoll. Am besten fördert man ja immer durch das gute Vorbild. Also wagen Sie sich ruhig daran, auch selbst einmal wieder Gedichte auswendig zu lernen.

Ihre Kinder können viel dabei lernen. Sie vielleicht auch. Versuchen Sie, das Gedicht wirklich vorzutragen, anstatt es herunterzuleiern – und leiten Sie auch Ihre Kinder dazu an.

Hier nun ein paar ausgewählte Gedichte zur Weihnachtszeit, weitere finden Sie im Laufe des Buches.

VORFREUDE AUF WEIHNACHTEN

von Joachim Ringelnatz

Ein Kind – von einem Schiefertafel-Schwämmchen
umhüpft – rennt froh durch mein Gemüt.
Bald ist es Weihnacht! – Wenn der Christbaum blüht,
dann blüht er Flämmchen.

Und Flämmchen heizen. Und die Wärme stimmt
uns mild. – Es werden Lieder, Düfte fächeln. –
Wer nicht mehr Flämmchen hat, wem nur noch Fünkchen glimmt,
wird dann doch gütig lächeln.

Wenn wir im Traume eines ewigen Traumes
alle unfeindlich sind – einmal im Jahr! –,
uns alle Kinder fühlen eines Baumes.
Wie es sein soll, wie's allen einmal war.

O SCHÖNE, HERRLICHE WEIHNACHTSZEIT

von August Heinrich Hoffmann von Fallersleben

O schöne, herrliche Weihnachtszeit,
was bringst du Lust und Fröhlichkeit!
Wenn der heilige Christ in jedem Haus
teilt seine lieben Gaben aus.

Und ist das Häuschen noch so klein,
so kommt der heilige Christ hinein,
und alle sind ihm lieb wie die Seinen,
die Armen und Reichen, die Großen und Kleinen.

Der heilige Christ an alle denkt,
ein jedes wird von ihm beschenkt.
Drum lasst uns freu'n und dankbar sein!
Er denkt auch unser, mein und dein.

DIE HOHEN TANNEN ATMEN

von Rainer Maria Rilke

Die hohen Tannen atmen heiser
im Winterschnee, und bauschiger
schmiegt sich sein Glanz um alle Reiser.
Die weißen Wege werden leiser,
die trauten Stuben lauschiger.

Da singt die Uhr, die Kinder zittern:
Im grünen Ofen kracht ein Scheit
und stürzt in lichten Lohgewittern –
und draußen wächst im Flockenflittern
der weiße Tag zur Ewigkeit.

WEIHNACHTEN

von Hermann Hesse

Ich sehn mich so nach einem Land
der Ruhe und Geborgenheit.
Ich glaub, ich hab's einmal gekannt,
als ich den Sternenhimmel weit
und klar vor meinen Augen sah,
unendlich großes Weltenall.

Und etwas dann mit mir geschah:
Ich ahnte, spürte auf einmal,
dass alles: Sterne, Berg und Tal,
ob ferne Länder, fremdes Volk,
sei es der Mond, sei's Sonnnenstrahl,
dass Regen, Schnee und jede Wolk',
dass all das in mir drin ich find,
verkleinert, einmalig und schön.

Ich muss gar nicht zu jedem hin,
ich spür das Schwingen, spür die Tön'
ein's jeden Dinges, nah und fern,
wenn ich mich öffne und werd still
in Ehrfurcht vor dem großen Herrn,
der all dies schuf und halten will.

Ich glaube, das war der Moment,
den sicher jeder von euch kennt,
in dem der Mensch zur Lieb' bereit:
Ich glaub, da ist Weihnachten nicht weit!

HEILIGE NACHT

von Eduard Mörike

Gesegnet sei die heilige Nacht,
die uns das Licht der Welt gebracht!

Wohl unterm lieben Himmelszelt
die Hirten lagen auf dem Feld.
Ein Engel Gottes, licht und klar,
mit seinem Gruß tritt auf sie dar.

Vor Angst sie decken ihr Angesicht,
da spricht der Engel: »Fürcht't euch nicht!
Ich verkünd euch große Freud:
Der Heiland ist geboren heut.«

Da gehn die Hirten hin in Eil,
zu schaun mit Augen das ewig Heil;
zu singen dem süßen Gast Willkomm,
zu bringen ihm ein Lämmlein fromm.

Bald kommen auch gezogen fern
die Heilgen Drei König' mit ihrem Stern.
Sie knieen vor dem Kindlein hold,
schenken ihm Myrrhen, Weihrauch, Gold.

Vom Himmel hoch der Engel Heer
frohlocket: »Gott in der Höh sei Ehr!«

DANKGEDICHT

von Gustav Falke

Nun leuchten wieder die Weihnachtskerzen
und wecken Freude in allen Herzen.
Ihr lieben Eltern, in diesen Tagen,
was sollen wir singen, was sollen wir sagen?

Wir wollen euch wünschen zum heiligen Feste
vom Schönen das Schönste, vom Guten das Beste!
Wir wollen euch danken für alle Gaben
und wollen euch immer noch lieber haben.

Zeit der Feste

Von Advent bis Heiligabend

Dies ist ein Weihnachtsbuch. Aber die Weihnachtszeit umfasst nicht nur den Heiligen Abend und die Weihnachtsfeiertage. Zu dieser ganz eigenen, besonderen Zeit des Jahres gehört auch der Advent, die Zeit der Vorfreude! In ihr findet so einiges statt, zum Beispiel das Nikolaus- und das Luciafest – auch sie gehören zu Weihnachten. Und natürlich gehören auch noch die Heiligen Drei Könige dazu. Und die Zeit zwischen dem Heiligen Abend und dem Fest der Heiligen Drei Könige, diese ganz besondere, geheimnisvolle Zeit »zwischen den Jahren«, die Rauhnächte.
Deshalb möchte ich im Folgenden auf all die Feste, Feiern und Traditionen eingehen, die unbedingt auch zur besinnlichen Weihnachtszeit gehören.

Advent – das Warten auf die Ankunft

Die Weihnachtszeit beginnt am … Nun, das ist gar nicht so leicht zu sagen. Für den Handel beginnt sie offenbar schon im September, wenn die ersten Lebkuchen in den Läden auftauchen, spätestens aber im Oktober, wenn die Schokoladennikoläuse und -weihnachtsmänner das Sortiment bereichern. Für viele Menschen beginnt das Weihnachtsgefühl, wenn der erste Schnee fällt – aber diese Menschen müssen sich nun wohl zunehmend andere Kriterien suchen, wenn es, zumindest in der Ebene, gar nicht mehr schneit. Andere machen es sich ganz einfach und betrachten den 1. Dezember oder aber den Nikolaustag am 6. Dezember als Beginn.

»Offiziell« beginnt die Weihnachtszeit – und das Kirchenjahr – jedoch mit dem ersten Advent. Der erste Advent ist übrigens nicht etwa, wie manche glauben, der erste Dezember, sondern der vierte Sonntag vor Weihnachten.

Die »Ankunft«, denn nichts anderes bedeutet »Advent«, ist also nicht jedes Jahr gleich lang. Der kürzeste Advent dauert 21 Tage, der längste 28 Tage – eine ganze Woche Unterschied! Genau genommen beginnt die Adventszeit bereits mit der Vesper, dem Abendgottesdienst am Samstag vor dem ersten Advent – damit endet auch das alte und beginnt das neue Kirchenjahr.

Die Adventszeit in den nächsten Jahren

	1. Advent	4. Advent	Dauer
2020	29. November	20. Dezember	26 Tage
2021	28. November	19. Dezember	27 Tage
2022	27. November	18. Dezember	28 Tage
2023	3. Dezember	24. Dezember	21 Tage
2024	1. Dezember	22. Dezember	24 Tage
2025	30. November	21. Dezember	25 Tage

Kleine Geschichte des Advents

Der Advent gehört heute untrennbar zu Weihnachten dazu. Es ist die Zeit der Vorfreude. Diese Freude hatte ursprünglich jedoch eine ganz andere Form – und auch andere Termine. Vor dem 4. Jahrhundert hatte sie allerdings gar keine Form, denn da kannte man den Advent noch gar nicht. Jedenfalls war die Adventszeit, als sie erfunden wurde, vor allem eine Fastenzeit, die wie die Zeit vor Ostern 40 Tage dauerte. Von Martini am 11. November bis zum Dreikönigsfest am 6. Januar – was früher das Fest von Jesu Geburt war. Fasten, beten und büßen – so sah der Advent damals aus. Daher wurden in der heiligen Messe auch nicht das Gloria und das Halleluja gesungen – und das ist bis heute in der Adventsliturgie nach römischem Ritus so.

Ab dem 7. Jahrhundert lag die Adventszeit dann, zumindest in der Westkirche, terminlich etwa so wie heute; ab da hieß der Advent auch so. Natürlich auf Lateinisch: *tempus adventus Domini* – die Zeit der Ankunft des Herrn. Aber erst ab 1570 war der Advent als vierwöchige Zeit, mit den vier Adventssonntagen, rechtsverbindlich, da Papst Pius V. das so zu entscheiden beliebte. Den orthodoxen Kirchen war das allerdings wurst, und sie haben bis heute einen sechswöchigen Advent.
Bei uns ist der Advent von Lebkuchen, Plätzchen, Nikolausfeier und Vorfreude geprägt. Auf die Idee zu fasten kommt man heute eher nicht. Auch die katholische Kirche verlangt seit 1917 kein Adventsfasten mehr. Und so können wir uns ganz auf die Freude der Wiederkunft des Lichts der Welt, also Jesus Christus, oder ganz unchristlich auf die Neugeburt des Lichts zur Wintersonnwende freuen.

Der Adventskranz

Fasten und Buße tun waren Tradition, aber auch Traditionen ändern sich. So auch der Adventskranz.
Ein Adventskranz hat vier Kerzen, für jeden Sonntag eine. Stehen die Kerzen für die Sonntage? Nur indirekt. Die vier Sonntage standen nämlich ursprünglich für die 4000 Jahre, die laut christlicher Mythologie von der Erschaffung der Welt bis zur Ankunft Jesu Christi vergangen sind.
Je näher die Ankunft des Lichts der Welt rückt, desto heller wird das Licht des Adventskranzes. Das passt doch sehr gut! Was jedoch nicht so gut passt, ist die Geburtsstunde oder, ge-

nauer gesagt, das Geburtsjahr des Adventskranzes: 1839. Und ein Evangele hat's erfunden. Ein Hamburger. Nämlich der Mitbegründer der Inneren Mission und Begründer der Evangelischen Diakonie Johann Hinrich Wichern.

Die »Segnungen« des Industriezeitalters hatten schon Früchte getragen: Es gab Massenarmut und viele Straßenkinder. Diesen verlorenen Kindern wollte Wichern ein Dach über dem Kopf, etwas zu essen und eine Ausbildung geben – und so gründete der 25-Jährige das »Rauhe Haus«, das sich dieser Kinder annahm. Es gab eine rituelle Begrüßung für jedes neue Kind: *»Mein Kind, dir ist alles vergeben. Sieh um dich her, in was für ein Haus du aufgenommen bist. Hier ist keine Mauer, kein Graben, kein Riegel, nur mit einer schweren Kette binden wir dich hier, du magst wollen oder nicht, du magst sie zerreißen, wenn du kannst, diese heißt Liebe, und ihr Maß ist Geduld. Das bieten wir dir,* *und was wir fordern, ist zugleich das, wozu wir dir verhelfen wollen, nämlich, dass du deinen Sinn änderst und fortan dankbare Liebe übest gegen Gott und den Menschen!«*

Wichern handelte also ganz im Sinne der christlichen Nächstenliebe und des Geistes des Weihnachtsfestes. Und damit sind wir beim Adventskranz. Der sollte den Kindern die Zeit bis zum Weihnachtsfest mit Vorfreude erfüllen und die Zeit anschaulich machen – und ganz nebenbei lernten die Kinder dadurch auch das Zählen.

Wichern hängte den Kranz im Betsaal seines Waisenhauses auf. Diese Sitte verbreitete sich rasch. Und 100 Jahre später gab's auch in katholischen Gegenden einen Adventskranz.

Der »Wichernkranz« sah aber erst einmal ganz anders aus als der Adventskranz, den wir heute kennen. Der Kranz war einfach ein Wagenrad mit vielen kleinen roten und vier großen weißen Kerzen. Vom 1. Advent bis zum Heiligen Abend wurde täglich eine Kerze angezündet – die großen Kerzen an Adventssonntagen, die kleinen an Werktagen.

Bei dieser Art Kranz werden also alle Tage des Advents berücksichtigt. Die Zahl der kleinen Kerzen bis zum Heiligen Abend ist jedes Jahr eine andere – es sind zwischen 18 und 24 Kerzen, weil der 1. Adventssonntag jedes Jahr an einem anderen Datum liegt.

Der Adventskranz des »Rauhen Hauses« entwickelte sich, wie wir ja wissen, weiter. Ungefähr seit 1860 wird der Adventskranz aus Tannenzweigen geflochten, und 1925 wurde zum ersten Mal ein Adventskranz in einer katholischen Kirche aufgehängt; und 1930 gab's sogar in München einen. Dann folgte bekanntermaßen eine dunkle Zeit.

Die Symbolik des Adventskranzes

Was die Kerzen des Adventskranzes symbolisieren, ist eigentlich ziemlich klar: Das Licht nimmt zu, und die Neugeburt des Lichts wird freudig erwartet. Im Christlichen ist das Licht, das erwartet wird, Jesus Christus, das »Licht der Welt«.

Und für Heiden ist es gar nicht so anders: Auch sie feiern in dieser Zeit ja die Wiedergeburt des Lichts; die Zeit, ab der die Tage wieder länger und die Nächte kürzer werden, die Zeit, in der sich der Sieg des Lichts über die Dunkelheit ankündigt.

Und die Tannenzweige? Deren uralte Symbolik kennen wir schon vom Weihnachtsbaum (siehe »Die Symbolik der Bäume«, Seite 68). Die immergrünen Tannenzweige stehen aber auch für die Fortdauer der Seele und die Auferstehung im Jenseits.

Und der Kreis ist ein universelles Symbol für die Vollkommenheit der geistigen Welt, die keinen Anfang und kein Ende kennt und damit ewig ist.

Adventskranz – selbst gemacht

Warum sollten wir überhaupt selbst einen Adventskranz basteln, wenn es doch überall welche zu kaufen gibt? Nun, erstens macht es Spaß (solange man Bastelarbeiten nicht verabscheut), es stellt eine sinnliche Verbindung zu dem Symbol her, und es ist gerade für Kinder eine gute Möglichkeit, sich aktiv an der Gestaltung der Vorweihnachtszeit zu beteiligen.
Es gibt noch einen weiteren Vorteil: Wir können, wie beim Wichernkranz, tatsächlich alle Tage des Advents darstellen und so jeden Tag bis zum Fest ein kleines Lichtritual beim Entzünden einer neuen Kerze durchführen; und dies wiederum zeigt die Bedeutung noch deutlicher: Jeden Tag wird es auf dem Kranz ein wenig heller.

Ein Kranz mit 24 Kerzen

Das brauchen Sie:

- ★ einen Strohkranz mit einem Durchmesser von 50 cm. Das ist etwas größer als die handelsüblichen Kränze, die einen Durchmesser von etwa 30 cm haben. So ein Strohkranz kostet ein paar Euro. Aber Sie können ihn jedes Jahr wiederverwenden! (Auch den Strohkranz könnte man selbst machen – aber wir wollen es mal nicht übertreiben.)
- ★ 2 Bund Tannengrün
- ★ grünen Basteldraht
- ★ 4 große Kerzen
- ★ 20–24 kleine Kerzen
- ★ Stieldraht (Steckdraht)
- ★ Deko (Sterne, Schleifen, Tannenzapfen, Kugeln …)

- ➤ Schneiden Sie vom Tannengrün kleine Zweige ab und legen Sie jeweils fünf Zweiglein zusammen.
- ➤ Wickeln Sie den unteren Bereich der Zweigbündel mit dem Basteldraht an den Kranz, sodass sie fest sitzen – dafür braucht es etwa drei Wicklungen.
- ➤ Das nächste Bündel Zweige bringen Sie nun etwas versetzt an, sodass die Wickelungen des vorigen Bündels überdeckt werden. Die Bündel liegen wie Fischschuppen übereinander. So geht es nun immer weiter, bis der Kranz fertig ist!
- ➤ Wenn Sie möchten, dass der Kranz ganz »ordentlich« aussieht, schneiden Sie nun abstehende Zweige zurecht.

- Jetzt kommen die Kerzen. Da wir ja einen Wichernkranz mit bis zu 28 Kerzen basteln wollen, ist es sinnvoll, die Kerzen erst einmal rund um den Kranz zu legen, damit man die Abstände einschätzen kann. (Wenn Sie nur einen einfachen Kranz mit den vier Kerzen für die Adventssonntage machen wollen, braucht's das natürlich nicht.)
- Sie beginnen mit einer großen Kerze für den ersten Advent. Stecken Sie drei Stieldrähte in den Boden der Kerze und befestigen Sie sie damit sicher am Kranz. Dann kommen sechs kleine Kerzen für die Tage der ersten Woche. Die benötigen nur einen Stieldraht. Dann kommen die zweite und die dritte Adventswoche – da geht es genauso wie gerade beschrieben. Dann kommen der vierte Advent und die vierte große Kerze – doch nun müssen Sie sehen, wie viele Tage der Advent in diesem Jahr hat! In manchen Jahren kommt nach der vierten Kerze nichts mehr – nämlich dann, wenn der vierte Advent mit dem Heiligen Abend zusammenfällt. In anderen Jahren ist der Raum zwischen der letzten und der ersten großen Kerze auch mit kleinen Kerzen gefüllt – dann hat der Kranz insgesamt 28 Kerzen!
- Jetzt ist der Kranz fast fertig. Sie können ihn nun noch nach Belieben dekorieren.
- Wenn die Weihnachtszeit vorbei ist, entfernen Sie Kerzen, Tannenzweiglein und Dekoration – und der Strohkranz ist bereit für den nächsten Advent.

Ein kleines Ritual zur Kerzenentzündung

Ob Sie nun einen vollständigen Wichernkranz haben oder einen »normalen« mit vier Kerzen: Das Entzünden der Kerzen können Sie mit einem kleinen, feierlichen Ritual verbinden. Das ist keine große Sache. Wichtig ist nur, dass Sie ganz bei dieser Sache sind.

- Setzen Sie sich – mit der Familie – vor den Kranz, halten Sie sich im Kreis an den Händen und schließen Sie kurz die Augen.
- Dann entzünden Sie die erste Kerze und sagen: »Mögen alle Menschen Frieden und Glück finden.«
- Nun folgen die weiteren Kerzen, die an diesem Tag entzündet werden. Bei jeder sprechen Sie reihum einen Segensspruch, der einer Person etwas Gutes wünscht.
- Wenn alle Kerzen, die heute angezündet werden, leuchten, schließen Sie noch einmal kurz die Augen und sagen: »Möge der Geist der Weihnacht alle Menschen erleuchten und ihnen Frieden bringen.«

Adventskalender basteln

Adventskalender aus dem Supermarkt haben immer 24 Türchen. Das hat zu dem Irrglauben beigetragen, dass der Advent mit dem 1. Dezember beginnt. Sonst wären ja manchmal einige Türchen zu viel oder zu wenig da.

Dieses Standardisieren auf 24 Tage ist für den Handel natürlich praktisch – so muss er nicht unterschiedliche Kalender für die unterschiedlichen Adventslängen herstellen; und man kann es sich dann auch einfacher merken.

Wir wollen aber mal nicht so denkfaul sein und zumindest bei unseren selbst gebastelten Adventskalendern die tatsächliche Adventszeit nehmen. Je nach Jahr gibt's also 21 bis 28 »Türchen«. Oder wir sind eben faul und beginnen den Adventskalender am 1. Dezember.

Ich habe »Türchen« in Anführungszeichen geschrieben, weil es natürlich gar keine Türchen sein müssen – viel einfacher und gleichzeitig flexibler sind kleine Säckchen oder Schächtelchen. Ich stelle Ihnen hier einmal drei Möglichkeiten vor; aber lassen Sie Ihrer Kreativität ruhig freien Lauf!

Damit Sie richtig kreativ werden können, werde ich hier keine ausführliche Beschreibung und Bastelanleitung geben – wenn Sie das wollen, finden Sie ganze Bücher zum Thema. Aber ein paar Ideen kann ich Ihnen doch mitgeben.

Adventskalender aus Streichholzschachteln

- Bauen Sie doch einfach eine kleine Adventskommode aus Streichholzschachteln!
- Sie können sie ganz minimalistisch machen oder aber das Innere der Schachteln mit Seidenpapier auskleiden, die Kommode außen mit Geschenkpapier bekleben und Musterbeutelklammern zum Aufziehen der Schubladen einbauen.
- Dann noch die Zahlen auf die Schubladen schreiben oder aufkleben – fertig.
- Nun können die Schubladen jedes Jahr neu befüllt werden.

Adventskalender aus Stoffbeutelchen

- Vielleicht können Sie Stoffbeutelchen kaufen. Viel einfacher aber ist es, Stoffreste zu nehmen, das jeweilige Geschenk darin einzuschlagen und oben mit einem farbigen Band zuzubinden.
- Dann schreiben Sie die Zahlen auf die Beutelchen.

So einen Adventskalender hatten wir zu Hause. Meine Mutter hat für jeden von uns einen gebastelt. Die Säckchen hat sie dann an eine Schnur gebunden. Manchmal waren ein paar Haselnüsse oder gar Mandeln darin oder ein kleines Stück einzeln verpackte Schokolade, selten sogar einmal eine Mark, viel öfter Heiligenbildchen mit Segenssprüchen. Ich kann mich auch daran erinnern, dass es manchmal kunstvoll von Großvater bemalte Steinchen oder kleine Schnitzereien gab. Und Mutters Spezialität war es, in jeden Kalender wenigstens einen Gutschein zu legen, der einem einen Wunsch frei gab. Man durfte sich wünschen, was man wollte – aber leider bezog sich das nur auf das Essen am nächsten Tag. So hingen dann in der Stube sieben Schnürl mit den Adventsbeutelchen, und wir waren alle sehr gespannt, ob es nun Geld oder Heiligenbildchen gab. Zu meiner Schande muss ich gestehen, dass mir die Heiligenbildchen dabei am zweitliebsten waren. Aber eines weiß ich sicher: Diese Adventskalender haben mir immer viel besser gefallen als die kommerziellen Adventskalender mit schlechter Schokolade.

Adventskalender aus Toilettenpapierrollen

Das klingt vielleicht nicht sehr weihnachtlich, aber es sieht wirklich originell und hübsch aus.

- Natürlich nehmen wir dazu nicht die ganze Klopapierrolle, sondern nur die Papprollen in der Mitte: Also rechtzeitig dran denken, die aufzuheben!
- Sie können die Rollen bemalen oder mit weihnachtlichem Geschenkpapier bekleben.
- Am schwierigsten sind die Türchen. Aber so schwierig auch wieder nicht. Sie schneiden aus Pappe Kreise aus – so groß wie der Außendurchmesser der Papprollen. Diese Deckelchen

befestigen Sie beispielsweise mit einem starken Klebeband jeweils an der Oberseite, sodass die Deckelchen leicht aufgeklappt werden können.

- Wenn wir nun 24 Rollen mit Türchen haben, müssen wir die natürlich noch anordnen. Sie können dabei Ihre Fantasie einsetzen. Am einfachsten ist es wohl, die Rollen mit dem offenen Loch nach unten senkrecht auf eine Pappe zu kleben. Man kann sie darauf in einer rechteckigen 4x6-Form anordnen – oder es auch ganz anders machen, beispielsweise in einen Quader aus 5x5 Rollen und eine oben in der Mitte für den letzten Adventstag. Da gibt es viele, viele Möglichkeiten.
- Nun stellt sich noch die Frage, wie Sie diese Form fixieren. Am einfachsten wahrscheinlich mithilfe eines Sekundenklebers – aber Achtung! Der ist nichts für Basteleien mit Kindern. Dann geht natürlich auch ein normaler Bastelleim; da muss man immer ein wenig warten, bis er trocknet, bevor man den nächsten Schritt tun kann. Für Faule gibt es dann noch 2-seitige Klebebänder. Und für die, die es gern ausgefallen mögen, gibt es die Musterbeutelklammern. Wenn man zwei Röhren in der Mitte verbindet, können sich diese Teile gegeneinander drehen – und damit können Sie dann wirklich verrückte und einzigartige Adventskalender basteln!

ADVENT

von Rainer Maria Rilke

Es treibt der Wind im Winterwalde
die Flockenherde wie ein Hirt,
und manche Tanne ahnt, wie balde
sie fromm und lichterheilig wird;
und lauscht hinaus. Den weißen Wegen
streckt sie die Zweige hin – bereit,
und wehrt dem Wind und wächst entgegen
der einen Nacht der Herrlichkeit.

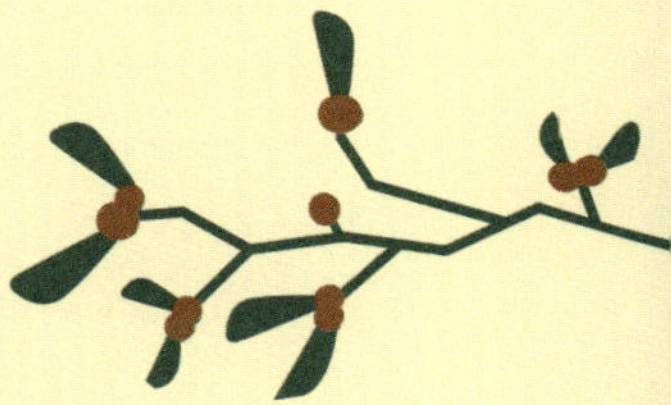

EIN LICHTLEIN MEHR

von Hermann Claudius

Immer ein Lichtlein mehr
im Kranz, den wir gewunden,
dass er leuchte uns so sehr
durch die dunklen Stunden.

Zwei und drei und dann vier!
Rund um den Kranz welch
ein Schimmer,
und so leuchten auch wir,
und so leuchtet das Zimmer.

Und so leuchtet die Welt
langsam der Weihnacht entgegen.
Und der in Händen sie hält,
weiß um den Segen!

Der Nikolaustag

Viele Kinder – und Erwachsene – wissen heute gar nicht mehr, wer der Nikolaus eigentlich war. Oft verwechseln sie ihn mit dem Weihnachtsmann oder gar mit dem amerikanischen »Santa« (was ja für Sankt Nikolaus steht) und halten ihn für eine Art Märchenfigur. Ein wenig amüsiert mich das, aber es erschreckt mich auch ein wenig. Ich meine, dass wir die Grundlagen unserer Kultur schon ein bisschen kennen sollten – insbesondere dann, wenn eine Person in den Traditionen eine so wichtige Rolle spielt wie »der Nikolaus«.

Dieser Nikolaus war ja nicht irgendein Nikolaus (wie der Nicki Gruber, ein Nachbarsjunge), sondern Nikolaus von Myra, einer der frühen christlichen Bischöfe – ein Mann, der vor über 1700 Jahren in Kleinasien, also der heutigen Türkei, gelebt hat. Sein Gedenktag ist der 6. Dezember. Wie bei den Heiligen so oft, ist das nicht etwa sein Geburtstag, sondern sein Todestag. Die ganze Christenheit feiert seinen Gedenktag, und es gibt zahlreiche mit dem Nikolaus verbundene Bräuche.

Der heilige Nikolaus ist der Schutzpatron der Seefahrer, der Kaufleute, Apotheker, Schneider und Fuhrleute – aber auch der Schüler und Studenten, Ministranten, Alten, der Pilger und Reisenden, der Liebenden und Gebärenden und auch der Diebe, Gefängniswärter, Prostituierten und Gefangenen. Und natürlich ist er auch der Schutzpatron der Kinder: Daraus leitet sich das heutige Brauchtum ab.

Die Legenden um den heiligen Nikolaus

Um kaum einen Heiligen ranken sich so viele Legenden wie um den Nikolaus. Da sie problemlos ein ganzes Buch füllen würden, möchte ich nur einige erzählen.

Der kleine Nikolaus

Ein richtiger Heiliger ist auch als Kleinkind nicht wie andere Leute. Der kleine Nikolaus war es laut der Legende ganz bestimmt nicht. Er war so fromm, dass er als Säugling an den Fastentagen nur einmal an der Brust seiner Mutter trank. Das Fasten tut Kindern eigentlich nicht gut, aber Nikolaus scheint keinen Schaden davongetragen zu haben, ganz im Gegenteil: Als er das erste Mal gebadet wurde, und man darf davon ausgehen, dass das nicht erst nach ein paar Jahren der Fall war, stand er ohne Hilfe aufrecht im Badezuber.

Der Mitgiftspender

Auch wenn Nikolaus recht frühreif war, so war er zwar zum Bischof geboren, aber natürlich nicht als Bischof. Doch seine Güte zeigte er schon, bevor er Bischof wurde – und das konnte er umso leichter, als er Erbe eines großen Vermögens war.

Damals herrschten noch ganz andere Sitten, aber arme Menschen gab es immer schon. Sozialhilfeleistungen allerdings nicht. Und so entschloss sich ein armer Mann, der seine drei Töchter mangels Mitgift nicht standesgemäß verheiraten konnte, die Töchter zu Prostituierten zu machen.

Nun könnte man, und ich meine völlig zu Recht, diesen Vater verurteilen und über sein Verhalten den Kopf schütteln. Nikolaus hingegen fand, als er von der Not der Familie hörte, eine andere Lösung. Nun hätte er freilich einfach dem Vater Geld geben können. Aber ein Heiliger denkt anders; und Nikolaus wollte sich wohl auch nicht als großer Wohltäter produzieren. So schlich er also an drei aufeinanderfolgenden Nächten zum Haus der Familie und warf jeweils einen Apfel aus purem Gold in das Schlafgemach der drei Jungfern.

Man kann sich vorstellen, wie groß die Freude schon nach dem ersten Goldklumpen war und wie sie sich mit dem zweiten steigerte – allerdings natürlich auch die Neugier. Am dritten Tag nämlich wachte der Vater die Nacht durch und entdeckte Nikolaus, als er den dritten Goldapfel warf. Er fragte ihn nach seinem Namen und dankte ihm von ganzem Herzen.

Es ist nicht überliefert, aber man darf wohl annehmen, dass die drei Mädel nun nicht im horizontalen Gewerbe arbeiten mussten, sondern sich ganz im Gegenteil mit dem Gold gute Ehemänner einkauften.

Diese Legende ist übrigens der Grund dafür, dass der heilige Nikolaus oft mit drei Goldkugeln oder drei goldenen Äpfeln abgebildet wird.

Der Lebensretter

Diese Legende ist als das »Stratelatenwunder« bekannt. Stratelaten waren Heerführer im Römischen Reich und damit Respektspersonen. Das ist insofern wichtig, als diese drei Herren Zeugen wurden, wie Bischof Nikolaus – denn Nikolaus war mittlerweile Bischof geworden – drei Menschen, die unschuldig zum Tode verurteilt worden waren, das Leben rettete. Nicht etwa durch ein frommes Gebet oder ein Wunder im engeren Sinn, sondern ganz handfest, indem er dem Scharfrichter das Schwert aus der Hand riss.

Das Wunder war dann wohl eher, dass er die drei tatsächlich rettete und nicht selbst dem Scharfrichter zugeführt wurde. Nikolaus muss wirklich ein charismatischer Mensch gewesen sein. Jedenfalls waren die drei Stratelaten schwer beeindruckt.

Aber sie waren nur kurz in Myra und reisten zurück nach Byzanz. Aufgrund einer Intrige wurden die drei nun selbst zum Tode verurteilt. Als sie im Kerker saßen, dachten sie an das, was sie in Myra erlebt hatten, und erflehten die Hilfe des Bischofs. Der war zwar nicht präsent, um dem Scharfrichter das Schwert zu entreißen, aber das hielt ihn nicht vom Helfen ab: Er erschien dem Kaiser im Traum – und das musste wohl ein recht überzeugender Traum gewesen sein, denn am nächsten Morgen befahl der Kaiser, die Gefangenen sofort freizulassen.

Nikolaus und der mitleidige Jude

Eine weitere Legende hat mich besonders beeindruckt, da in der Geschichte ein Jude vorkommt, der – im Gegensatz zu den meisten christlichen Erzählungen – nicht als Bösewicht dargestellt wird.

Der Bösewicht war in diesem Fall ein Christ. Der hatte sich von einem Juden Geld geliehen – aber er dachte gar nicht daran, es zurückzuzahlen. Und dann ging es natürlich so, wie es heute auch geht, nämlich vor Gericht. Nun war der Christ zwar ein rechter Schlawiner, aber er wollte doch keinen Meineid schwören. Und so kam er auf einen hinterhältigen Trick: Er ließ einen Gehstock aushöhlen und füllte ihn mit Gold im Wert dessen, was er dem Juden schuldete. Als er nun schwören sollte, gab er seinen Stock dem Juden zu halten – und konnte reinen Gewissens schwören, dass er dem Juden das Geld zurückgegeben habe. Danach nahm er seinen Stock wieder von dem Juden entgegen. Wenn aber ein Christ etwas schwor, hatte die Aussage des Juden keinen Wert, und so musste der Geprellte ohne sein Geld nach Hause gehen.
Als der Christ aus dem Gerichtsgebäude trat, wurde er von einem Pferdefuhrwerk überfahren. Der Stock zerbrach, und seine List kam zutage. Die Menschen sagten zu dem Juden, nun könne er das Geld nehmen. Und der Betrüger habe ja seine gerechte Strafe erhalten.
Der Jude aber war ein guter Mensch und voller Mitleid mit dem Verunglückten und dessen Familie. Deshalb sagte er, dass er das Geld nur nehmen würde, wenn der heilige Nikolaus den Trickbetrüger wieder zum Leben erwecke. Und was soll man sagen: Tatsächlich erhob sich der Verunglückte.
Damit die Legende aber auch wirklich zu einer christlichen Heiligengeschichte passt, endete sie damit, dass sich der Jude taufen ließ.

Wunder nach dem Tod

Auch wenn Nikolaus schon zu seinen Lebzeiten berühmt und als Heiliger verehrt wurde, musste er dennoch sterben. Das hielt ihn jedoch nicht davon ab, Wunder zu wirken.

So kam ein Mann nach Myra, der Nikolaus darum bitten wollte, dass er endlich einen Sohn bekäme. Nun mag man meinen, dass ein alter Bischof nicht unbedingt der richtige Ansprechpartner für einen Kinderwunsch ist, aber das hatte sich ohnehin erübrigt, da der Mann Nikolaus nicht mehr lebend antraf. Er kam gerade noch rechtzeitig, um die Bestattung mitzuerleben. Der Mann war verzweifelt, aber er vertraute auf den heiligen Nikolaus, und so nahm er ein Stück des Leinentuchs, auf dem der Heilige lag, mit sich und vertraute auf seine Wunderwirkung.

Ganz zu Recht, wie sich herausstellte: Genau ein Jahr später, also am 6. Dezember, dem Todes- und Gedenktag des heiligen Nikolaus, wurde seiner Frau und ihm (also dem Bittsteller, nicht dem Nikolaus, versteht sich) ein Kind geboren.

Das würde ja schon als Wunder durchgehen. Aber das war's noch nicht. An seinem siebten Geburtstag wurde der Knabe von Gaunern entführt und nach Babylon als Sklave verkauft. Man kann sich vorstellen, wie verzweifelt die Eltern waren! Und wieder beteten sie zum heiligen Nikolaus. Da geschah, wiederum genau ein Jahr später, ein wirkliches Wunder: Der Knabe wurde von einem Wirbelwind in die Luft gehoben und vor der Kirche des heiligen Nikolaus, in der die Eltern für die Wiederkehr ihres Sohnes beteten, abgesetzt.

Bräuche und Traditionen rund um den heiligen Nikolaus

Der bekannteste Brauch ist natürlich, dass der Nikolaus Geschenke bringt. Auf diesen Brauch wollen die Kinder sicherlich nicht verzichten. Auch wenn es mitunter ein wenig gruselig wird: Denn der Nikolaus kommt oft mit einem Helfer, über den wir auch noch sprechen werden.

Dass der Nikolaus als Geschenkebringer gilt, hat unter anderem wohl mit der Legende von Nikolaus als Mitgiftspender (siehe »Der Mitgiftspender«, Seite 143) zu tun.

Dem Brauch nach fragt der Nikolaus, ob die Kinder denn brav gewesen seien. Früher fragte er weiterhin, ob sie denn

auch fromm gewesen seien – aber ich fürchte, darauf wissen Kinder und Erwachsene heute nicht mehr viel zu sagen.

Das Sockenfüllen

Die Geschenke, die der Nikolaus am 6. Dezember bringt, werden in vielen Gegenden traditionell heimlich des Nachts gebracht und in Socken oder Stiefel gefüllt. Da ist natürlich im Vorteil, wer große Füße hat …

Früher – und in manchen Ländern auch heute noch – ist der Nikolaustag überhaupt der Tag der Bescherung, nicht der Heilige Abend, beispielsweise in Luxemburg. Und wieder einmal ist es Luther zu verdanken, dass der alte Brauch, am Nikolaustag die große Bescherung zu machen, heute bei uns nicht mehr ausgeübt wird. Luther lehnte die Heiligenverehrung ja insgesamt ab, also auch den Nikolaus. Deshalb erfand er, wie bereits gesagt, das Christkind, und die Bescherung findet heute in den meisten Ländern an Weihnachten statt. Und es ist nicht mehr der Nikolaus, sondern das Christkind, das die Gaben bringt. Oder, wenn man sich lieber an Coca-Cola anstatt der Bibel orientiert, der am Nordpol ansässige Weihnachtsmann mit seinem Rentierschlitten. Aber selbst diese doch ziemlich moderne Gestalt geht ursprünglich natürlich auf den Bischof Nikolaus von Myra zurück.

Das Schiffesetzen

In Norddeutschland gibt es schon seit dem 15. Jahrhundert den Brauch, Papierschiffchen zu basteln, in die der Nikolaus seine Gaben legen soll. Der Grund dafür ist, dass es zahlreiche Legenden gibt, in denen der heilige Nikolaus Schiffe und Seeleute rettet – daher ist er ja auch der Patron der Seefahrer. Dass die Nikolausschiffchen vornehmlich in Norddeutschland Brauch waren, ist verständlich – dort ist ja das Meer nicht weit. Andernorts wurden dann aus den Schiffchen eben Schuhe, Stiefel, Strümpfe oder auch einfach ein Gabenteller.

Der Nikolaus und sein goldenes Buch

Wo der Nikolaus die Geschenke nicht heimlich bringt, wird es für die Kinder spannender und gruseliger: denn da kommt der Nikolaus selbst. Weil er aber vor 1700 Jahren gestorben ist, kommt er natürlich nicht wirklich selbst, sondern der Familienvater, ein Verwandter oder Berufsnikolaus vertritt ihn.

Leider habe ich festgestellt, dass auch zu diesem Anlass mitunter ein dicker Mann mit Zipfelmütze und rotem Kostüm auftritt. Wenn das zu Weihnachten ja noch irgendwie zu rechtfertigen ist, finde ich es am Nikolaustag wirklich sehr unpassend. Der Nikolaustag sollte schon dem legendären Bischof und Heiligen Nikolaus von Myra vorbehalten sein – und die Verkleidung sollte demgemäß auch einen Bischof und nicht eine amerikanische Werbefigur darstellen.

Nun, der Nikolaus kommt also und bringt Geschenke; so weit, so gut. Aber dabei belässt er es nicht: Er liest in einem goldenen Buch, sieht nach, wie die Kinder sich im vergangenen Jahr benommen haben, lobt die braven und tadelt die weniger braven. Früher drohte der Nikolaus den »bösen« Kindern mit der Rute. Glücklicherweise macht man das heute nicht mehr.

Knecht Ruprecht, Krampus und Konsorten

Gerade im Süddeutschen hat der Nikolaus schon seit langer Zeit einen Begleiter. Eigentlich ist dieser »Knecht Ruprecht« oder »Krampus« viel älter als der Nikolaus selbst. Die Gestalt dieses eher düsteren Begleiters ist sehr wahrscheinlich ein Überbleibsel aus vorchristlichen Zeiten. In einigen Gegenden ist der Krampus eine ganz eigenständige Gestalt des Brauchtums. Er ist mit den Perchten verwandt, über die ich später im Kapitel über die Rauhnächte noch sprechen werde.

Man sieht dem Krampus seine heidnische Herkunft schon an: Er ist ein wilder Geselle mit struppigem Haar, der eine Kette und eine Rute trägt und die Kinder erschreckt. Manche Volkstumsforscher meinen, dass er aber letztlich doch christlich sei und sozusagen den »gezähmten Satan« darstelle. Andere sind der Überzeugung, dass er auf die römischen Saturnalien und die Verehrung des Naturgottes Pan zurückgeht. Mir scheint es am wahrscheinlichsten, dass er seinen Ursprung in germanischen und keltischen Bräuchen hat oder sogar noch älter ist. Wie so oft weiß man's eben nicht genau. Und wie so oft muss man es auch gar nicht wissen, sondern sich nur einmal ansehen, was hinter dem Brauch steht.

Offenbar ist der Krampus eine Figur, die zwar »das Böse« im Gegensatz zu »dem Guten« darstellt, deren Bosheit jedoch gezähmt und in den Dienst des Guten gestellt wurde. Vielleicht ist es ein Nachhall der urmenschlichen Erzählung von der Zähmung der wilden, gefahrvollen Natur – und auf spiritueller Ebene auch die der Zähmung der inneren Natur, des »projizierten Bösen«.

Im Rahmen der Weihnachtsbräuche ist der Krampus oder Knecht Ruprecht jedenfalls ein Helfer des Nikolaus, der ihm die unangenehmen Aufgaben – wie das Erschrecken der unartigen Kinder und die Drohung mit Sack und Rute – abnimmt, während der Nikolaus ganz und gar der Gute bleibt.

Im Allgäu, im Berchtesgadener Land, im Rupertiwinkel, in Bad Reichenhall und auch in Österreich und der Schweiz treten die Krampusse manchmal gleich gruppenweise auf. An den Abenden zwischen dem 4. bis 6. Dezember gibt's den »Einkehrbrauch« des Klausentreibens oder Krampuslaufs. Dort sieht man deutlich die enge Verwandtschaft mit den Perchten, die in den Rauhnächten ihr Unwesen treiben.

Der Krampus und die Gedichte

Ich kenne den Krampus noch von meinen ersten Nikolausfeiern. Heute weiß ich ja, dass der Nikolaus mein Großvater war und der Krampus – meine Großmutter! Aber als Kind ist es mir und meinen Geschwistern gar nicht aufgefallen, dass die beiden abends nicht in der Stube waren. Wir waren wohl einfach zu aufgeregt.

Wir warteten, Vater erzählte eine Weihnachtsgeschichte oder berichtete vom heiligen Nikolaus und ließ immer wieder einfließen, dass der Nikolaus ja nun bald käme und dass er hoffe, dass wir brav gewesen seien – er guckte uns dabei tief in die Augen, und wir hatten das Gefühl, dass all unsere kleinen Streiche und Missetaten nun ans Licht kommen würden. Mutter hatte uns schon vorbereitet und gesagt, dass der Krampus (noch heute gruselt es mich ein wenig, wenn ich das Wort höre) uns nichts tun würde, wenn wir unsere Sünden bereuten. Und wenn wir nur ein Gedicht vorbereiteten und es dem Nikolaus brav vortrügen, würde uns nichts geschehen.
Meiner Mutter war es ohnehin wichtig, dass wir viele Gedichte auswendig lernten, und so waren wir im Gedichteaufsagen schon recht geübt. Noch heute weiß ich viele Gedichte oder zumindest Teile daraus auswendig. Es waren nicht nur

Nikolausgedichte; laut meiner Mutter mochte der Nikolaus alle Gedichte. Tatsächlich war der Nikolaus der Anlass für das erste Gedicht, das ich geschrieben habe, kurz nachdem ich schreiben gelernt hatte. Es ging ungefähr so:

Lieber, lieber Nikolaus,
komm in unsere Stube.
Den Krampus lass doch bitte drauß',
ich war ein braver Bube.

Aber meist haben wir Gedichte von Ludwig Thoma, Ludwig Ganghofer, aber auch Schiller und Goethe vorgetragen. Und der Krampus hat uns tatsächlich nie in den Sack gesteckt und auch die Rute nicht gebrauchen müssen.
Im Nachhinein kann ich darüber lachen, wie wir doch zitterten und Angst hatten, dass unsere Gedichte nicht ausreichen würden, um all unsere Streiche eines ganzen Jahres auszugleichen. Und meine Schwester Luise weinte, soweit ich mich erinnern kann, jedes Mal, wenn der Krampus mit Zauselbart, Rute und Sack hinter dem Nikolaus her in die Stube hinkte und mit einer gruseligen Stimme nach unseren Sünden fragte. Und das Gruseligste daran war, dass die Stimme gar nicht nach einem Waldgeist, sondern fast wie die von unserer Großmutter klang …

Nikolausgedichte

Gedichte zu lernen ist gut für das Gedächtnis – und wenn man nicht so brav war, kann man den Nikolaus besänftigen. Und nicht nur den Nikolaus, auch die eigenen Gedanken werden ruhiger, wenn man ein Gedicht lernt. Kinder Gedichte lernen zu lassen ist keine Schikane oder Strafe; Kinder können recht leicht lernen – und das bleibt ihnen, wenn sie später anderes lernen müssen.

Aber all das beiseite: Ich denke, dass der Vortrag eines Gedichtes dem Nikolausfest – wie auch dem Weihnachtsfest – noch mehr Tiefe verleiht und das Rituelle betont, das den Festen über die Zeit Bestand gibt.

KNECHT RUPRECHT

von Theodor Storm

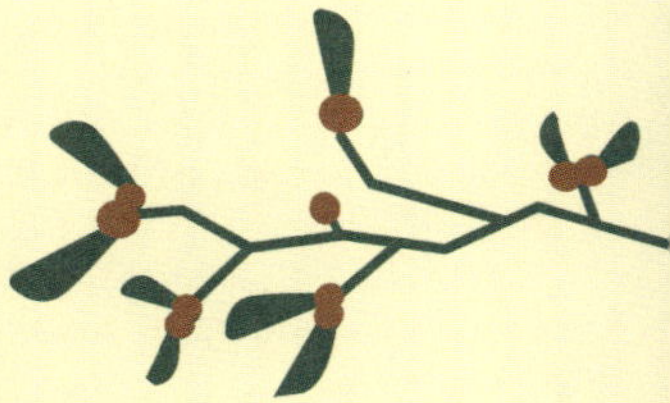

Von drauß' vom Walde komm ich her;
ich muss euch sagen, es weihnachtet sehr!
Allüberall auf den Tannenspitzen
sah ich goldene Lichtlein sitzen;
und droben aus dem Himmelstor
sah mit großen Augen das Christkind hervor.
Und wie ich so strolcht durch den finsteren Tann,
da rief's mich mit heller Stimme an:

»Knecht Ruprecht«, rief es, »alter Gesell,
hebe die Beine und spute dich schnell!
Die Kerzen fangen zu brennen an,
das Himmelstor ist aufgetan,
Alt und Junge sollen nun
von der Jagd des Lebens einmal ruhn;
und morgen flieg ich hinab zur Erden,
denn es soll wieder Weihnachten werden!«

Ich sprach: »O lieber Herre Christ,
meine Reise fast zu Ende ist.
Ich soll nur noch in diese Stadt,
wo's eitel gute Kinder hat.«
»Hast denn das Säcklein auch bei dir?«
Ich sprach: »Das Säcklein, das ist hier:
Denn Äpfel, Nuss und Mandelkern
essen fromme Kinder gern.«
»Hast denn die Rute auch bei dir?«
Ich sprach: »Die Rute, die ist hier.«
Christkindlein sprach: »So ist es recht.
So geh mit Gott, mein treuer Knecht!«

Von drauß' vom Walde komm ich her;
ich muss euch sagen, es weihnachtet sehr!
Nun sprecht, wie ich's hierinnen find:
Sind's gute Kind, sind's böse Kind?

HOLLER BOLLER RUMPELSACK

von Albert Sergel

Holler boller Rumpelsack,
Niklaus trägt ihn huckepack.
Weihnachtsnüsse gelb und braun,
runzlig punzlig anzuschaun.

Knackt die Schale, springt der Kern,
Weihnachtsnüsse ess ich gern.
Komm bald wieder in dies Haus,
guter alter Nikolaus.

WER KOMMT DA DURCH DEN WINTERWALD?

von Martin Boelitz

Draußen weht es bitterkalt,
wer kommt da durch den Winterwald?
Stipp stapp, stipp stapp und huckepack –
Knecht Ruprecht ist's mit seinem Sack.

Was ist denn in dem Sacke drin?
Äpfel, Mandeln und Rosin'
und schöne Zuckerrosen,
auch Pfeffernüss' fürs gute Kind;
die andern, die nicht artig sind,
klopft er auf die Hosen.

NIKOLAUSABEND

Anonymus

Niklaus, Niklaus, lieber Mann,
klopf bei unsrer Tür doch an!
Wir war'n brav, drum bitte schön,
lass die Rute draußen stehn!

Ruprecht, Ruprecht, huckepack,
schenk uns was aus deinem Sack!

Die Rute braucht's nicht, guter Mann,
ich war recht brav, so gut ich kann.
Schüttle deine Sachen aus,
gute Kinder sind im Haus!

ACH, DU LIEBER NIKOLAUS

von Christian Fürchtegott Gellert

Ach, du lieber Nikolaus,
komm doch einmal in mein Haus!
Hab so lange an dich gedacht!
Hast mir auch was mitgebracht?

NIKOLAUS, DU GUTER GAST

Dieses letzte Gedicht ist nur etwas für besonders mutige oder besonders brave Kinder – und für einen Nikolaus, der auch ein bisschen Spaß versteht …

Nikolaus, du guter Gast,
zeig mir, was du mitbracht hast!
Ist's was Guats, dann setz di nieder,
Hast du nix, dann schleich di wieder.

Ein Nikolauslied

Eigentlich wollte ich hier nur echte Weihnachtslieder vorstellen. Aber zumindest ein Nikolauslied muss schon auch dabei sein. Es ist wohl das bekannteste, nämlich »Lasst uns froh und munter sein«. Wie so viele Lieder zur Weihnachtszeit stammt auch dieses Lied aus dem 19. Jahrhundert. Genau weiß man nicht, wer es geschrieben hat; wahrscheinlich war es aber Josef Annegarn (1794–1843), ein Professor für Kirchengeschichte, von dem

Text: vermutlich Josef Annegarn; Musik: anonym

eine Aussage stammt, die mir sehr gefällt: »Neben der Erfahrung, die wir selbst machen, ist die Geschichte die beste Lehrerin. Durch sie lernen wir die Dinge nach ihrem wahren Werte würdigen, und werden aufgefordert, gut und groß zu handeln. Wer in seiner Zeit zu wirken gedenkt, muss die Geschichte kennen, und wer die Gegenwart recht beurteilen will, dem darf die Vergangenheit nicht unbekannt sein.« – Aber nun zum Lied.

LASST UNS FROH UND MUNTER SEIN

Lasst uns froh und munter sein
und uns recht von Herzen freun!
(Refrain:) Lustig, lustig, tralalalala!
Bald ist Niklasabend da,
bald ist Niklasabend da!

Bald ist nun die Schule aus,
und wir ziehn vergnügt nach Haus.
Lustig, lustig, …

Dann stell ich den Teller auf,
Niklas legt gewiss was drauf.
Lustig, lustig, …

Steht der Teller auf dem Tisch,
sing ich nochmals froh und frisch:
Lustig, lustig, …

Wenn ich aufgestanden bin,
lauf ich schnell zum Teller hin.
Lustig, lustig, …

Niklas ist ein guter Mann,
dem man immer danken kann.
Lustig, lustig, …

Das Luciafest

Dass Weihnachten mit der Wintersonnwende zusammenhängt, wissen Sie ja bereits. Aber doppelt genäht hält besser … Und daher gibt es noch ein weiteres halb christliches Fest, das früher am Tag der Wintersonnwende gefeiert wurde. Aber wieder einmal hat die gregorianische Kalenderreform dazwischengefunkt. Ursprünglich wurde zur Sonnwende nämlich das Luciafest gefeiert. Heute liegt das Fest zu Ehren der heiligen Lucia nicht wirklich besonders nah an der Sonnwende.
Wie kam es dazu? Nun, die Wintersonnwende lag vor der Reform lange um den 13. Dezember herum. Und da passte

Lucia hervorragend: Denn der Name kommt vom lateinischen Wort für Licht und bedeutet »die Leuchtende«. So wurde am 13. Dezember im Brauchtum – das noch die alten heidnischen Bräuche kannte – die »Wiederkehr des Lichts« im Jahreszeitenkreislauf gefeiert. In Skandinavien macht man das immer noch so. Heute wissen das nur Menschen, die sich damit intensiv beschäftigen.

Und warum ist der 13. Dezember heutzutage ein ganzes Stück weit von der Sonnwende entfernt? Nun, ich habe es ja schon erwähnt: Die Einführung des gregorianischen Kalenders im 16. Jahrhundert, genauer gesagt im Jahr 1582, veränderte die Zeitrechnung recht abrupt und sorgte für einiges Chaos – obwohl sie an sich sehr durchdacht und sinnvoll war.

Kleiner Exkurs zum Thema Zeitrechnung

Der alte julianische Kalender war schon recht genau. Aber im Laufe der Jahrhunderte stimmten die astronomischen Ereignisse und die Jahreszeiten nicht mehr mit den ursprünglichen überein. So lag auch der 21. März nicht mehr am Tag der Frühlings-Tagundnachtgleiche – und das wiederum ergab Probleme sowohl für die christlichen Feiertage wie Ostern als auch für die Bauernkalender. 1582 hatte sich das Datum bereits um zehn Tage davon entfernt. Papst Gregor XIII. verkündete also kurzerhand in einer päpstlichen Bulle, dass im Jahr 1582 die zwischen dem 4. Oktober und dem 15. Oktober liegenden Zähltage ausfallen würden. Im Kalender des Jahres 1582 folgte also auf Donnerstag, den 4. Oktober, Freitag, der

15. Oktober. Im nächsten Jahr stimmte alles wieder: Die Frühjahrs-Tagundnachtgleiche (Äquinoktikum) fiel wieder auf den 21. März, und die Wintersonnwende war wieder um den 21. Dezember herum.
Damit sich der Kalender nicht abermals verschob, lautete die neue Regel, dass die Jahre, deren Zahl ein Vielfaches von 100 ist, die sich aber nicht durch 400 teilen lassen, keine Schaltjahre sind. 1900 war also kein Schaltjahr, und 2100 wird auch keinen 29. Februar haben. Das Jahr 2000 hingegen war ein ganz normales Schaltjahr.
Die Protestanten gaben nichts auf päpstliche Erlässe und lehnten den neuen Kalender erst einmal ab. 1699 einigten sie sich dann aber doch auf einen Kalender, der dem gregorianischen entsprach. Andere ließen sich mehr Zeit. Die Bündner Gemeinden Schiers und Grüsch stellten als Letzte im westlichen Europa den Kalender erst 1812 um.
In der russisch-orthodoxen Kirche wurde die Reform ebenfalls abgelehnt. Während Russland den Kalender nach der Revolution umstellte – auf den 2. Februar 1918 folgte der 14. Februar –, machten die Kirchen dort nicht mit. Und daher sind die kirchlichen Feste bis heute in Ost- und Westkirche unterschiedlich.
Aber zurück zu Lucia. Heute fällt das Luciafest auf den 13. Dezember, und kaum jemand ahnt, dass das Fest ursprünglich zur Sonnwende gefeiert wurde. Der Heiligengedenktag, der nicht nur in Schweden, sondern auch bei uns in Bayern vielerorts begangen wird, erinnert an die heilige Lucia von Syrakus.

Die Legende von der heiligen Lucia

Man schrieb das Jahr 304. Das Römische Reich hatte seine größte Ausdehnung erreicht und beherrschte ganz Europa. Das Christentum war allerdings noch nicht so weit verbreitet, und die Christen wurden vom Kaiser Diokletian verfolgt. Und doch gab es immer mehr Römer, die sich von dieser neuen Religion angezogen fühlten. Lucia war eine dieser Römerinnen. Sie war die Tochter eines reichen römischen Bürgers, der die Begeisterung seiner Tochter für diesen Christus nicht teilte. Lucia hatte jedoch schon in früher Jugend einen Prediger von Christus sprechen hören und wurde Christin. Sie gelobte Jungfräulichkeit um Christi willen. Der Vater war wenig begeistert und die Mutter noch weniger – schließlich wünschten sie sich, wie so viele Eltern, Enkel. Als aber die Mutter Eutychia mit ihrer Tochter eine Wallfahrt zum Grab der heiligen Agatha unternahm und dort von einem schweren Leiden geheilt wurde, stimmte sie dem Gelübde zu.

Damit hätte die Geschichte enden können; doch manche Menschen gönnen anderen einfach keinen Frieden. Leider war ausgerechnet der Mann, dem Lucia versprochen worden war, so ein Mensch. Er war zutiefst beleidigt und äußerst rachsüchtig, und so klagte er sie als

Christin an – zu dieser Zeit ein schweres Verbrechen. Wäre Lucia nur zehn Jahre später geboren worden, hätte niemand etwas darum gegeben – und bald wurde das Christentum sogar Staatsreligion. Aber zu Lucias Lebzeiten wurden die Christen als gefährliche Sekte betrachtet, und Kaiser Diokletian hatte am 23. Februar 303 ein Edikt erlassen, das die christlichen Gottesdienste untersagte und die Zerstörung von Kirchen sowie die Verbrennung christlicher Schriften anordnete. Christen durften auch keine staatlichen Ämter innehaben. Damit verloren Christen ihre wichtigsten Bürgerrechte und waren leicht anzuklagen.

Das Edikt verlangte, alle christlichen Gemeindevorsteher und Bischöfe einzukerkern und zu foltern, um sie mit dieser sehr überzeugenden Methode von ihrem Glauben abzubringen. Um was es wirklich ging, wird deutlich, wenn man sich ansieht, wofür es die strengsten Strafen gab: Wer das Kaiseropfer verweigerte, wurde mit dem Tode bestraft. Es ging also mal wieder ums Geld.

Für die bedauernswerte Lucia sah es ziemlich schlecht aus. Und in der Tat wurde sie für schuldig befunden und dazu verurteilt, in einem Freudenhaus als Sklavin zu dienen.

Aber nun geschah laut der Legende das Wunder: Als die römischen Schergen Lucia abholen wollten, gelang es hundert Männern nicht, sie wegzuzerren – nicht einmal, als noch ein Ochsengespann dazukam. Das war nun wirklich ein Wunder! Aber Wunder halten offenbar nicht so lange vor, und für Lucia ging es leider nicht gut aus. Der Staat und der verschmähte Bräutigam wollten sich mit aller Macht durchsetzen, und so wurde Lucia schließlich mit einem Schwert getötet – am Tag der Wintersonnwende – und so zur Märtyrerin und Heiligen.

Der Gedenktag der heiligen Lucia ist der 13. Dezember, ihr Todestag, der vor der Kalenderreform auf die Wintersonnenwende fiel.
Lucia wird als die Patronin der Armen, der Blinden, der reuigen Dirnen und der kranken Kinder verehrt. Auch Anwälte, Bauern, Elektriker, Glaser, Kutscher, Messerschmiede, Näherinnen, Polsterer, Sattler, Schneider, Schreiber und Weber haben sie zur Patronin.
Ich persönlich finde ja die Messerschmiede sehr unpassend …

Bräuche und Traditionen

In Schweden ist das Luciafest eine große Sache. Und das schon seit dem Mittelalter. Zu dieser Zeit gab es Feierlichkeiten, mit denen die Bauern das Ende der landwirtschaftlichen Arbeiten und den Beginn des Weihnachtsfastens begingen. Und ab etwa 1760 wurden weiße Gewänder getragen – das heute auffälligste Element des Luciafestes in Schweden, wo es nach wie vor einen festen Platz im Brauchtum hat.
Und trotzdem bleiben Fragen offen: Das Luciafest ist zwar eigentlich ein Heiligenfest zu Ehren der heiligen Lucia von Syrakus – aber das Fest ist wenig kirchlich geprägt. Die wichtigsten Elemente sind das Tragen von weißen Gewändern und Kerzen, das Verspeisen von *lussekatter*, einem traditionellen Safrangebäck, das Singen von Lucialiedern und die Wahl einer Lucia; meist ist das die älteste Tochter einer Familie. Kennzeichen der Lucia sind das weiße Kleid, ein Kranz mit Kerzen auf dem Kopf und ein rotes Band um den Leib.

Bei uns ist das Luzienfest nicht so verbreitet; aber es gibt, gerade in Bayern, schon auch Luzienbräuche:

- In der Luziennacht, der Nacht auf den 13. Dezember, darf weder gebacken, gesponnen noch genäht werden.
- In manchen Gegenden Bayerns – zum Beispiel in der nördlichen Oberpfalz, im Landkreis Wunsiedel in Oberfranken und in der Gegend von Eichstätt und Ingolstadt – wurde der Name der Lucia mit heidnischen Perchtengestalten verbunden. Als »Luzie«, »Heu-Luzi« oder »Luz« trat Lucia hier bis in die zweite Hälfte des 20. Jahrhunderts als vorweihnachtliche Kinderschreckfigur auf, ähnlich dem Krampus.
- Im oberbayerischen Fürstenfeldbruck gibt es am 13. Dezember das Lucienhäuschen-Schwimmen. Dazu basteln Kinder schwimmfähige Gebäudemodelle, bestücken sie mit Kerzen und lassen sie, wenn es Nacht wird, auf der Amper, die durch die Stadt fließt, schwimmen.

Auch Bauernregeln gab es – aber die sind mittlerweile hinfällig, da sie sich auf den Luciatag als den kürzesten Tag des Jahres beziehen: »Sankt Luzen / tut den Tag stutzen.« »An Sankt Lucia / ist der Abend dem Morgen nah.« Doch das ist, wie wir oben gesehen haben, schon seit der Kalenderreform nicht mehr zutreffend.

MORGEN, KINDER, WIRD'S WAS GEBEN

1. Morgen, Kinder, wird's was geben,
morgen werden wir uns freun!
Welche Wonne, welch ein Leben
wird in unserm Hause sein!
Einmal werden wir noch wach,
heißa, dann ist Weihnachtstag!

2. Wie wird dann die Stube glänzen
von der großen Lichterzahl!
Schöner als bei frohen Tänzen
ein geputzter Kronensaal.
Wisst ihr noch, wie vor'ges Jahr
es am Heil'gen Abend war?

3. Welch ein schöner Tag ist morgen!
Neue Freude hoffen wir;
unsre guten Eltern sorgen
lange, lange schon dafür.
O gewiss, wer sie nicht ehrt,
ist der ganzen Lust nicht wert!

Text: Karl Friedrich Splittegarb (1795), Musik: Carl Gottlieb Hering (1809)

Der Heilige Abend

Jesus ist der Legende nach am 25. Dezember geboren. Warum feiern wir dann seine Geburt am Heiligen Abend, am 24. Dezember?
Das hat einen einfachen Grund: Früher endete der Tag nicht um Mitternacht, da es ja noch keine Digitaluhren gab, sondern mit dem Sonnenuntergang. Und schon hat sich das Rätsel geklärt: Der Abend des 24. Dezember gehört bereits zum Weihnachtstag, dem 25. Dezember.
Daher ist es gar nicht verwunderlich, dass sich in den meisten Ländern Europas die familiäre Weihnachtsfeier mit Bescherung und Festessen auf den Abend oder schon den Nachmittag des 24. Dezember vorverlagert hat.

Mir persönlich ist das natürlich so sehr in Fleisch und Blut übergegangen, dass es mir fast unnatürlich vorkommt, die Bescherung am Tag nach dem Heiligen Abend zu machen. Die Dunkelheit, früher auch der Schnee, die warme Stube mit dem von Kerzen erhellten Weihnachtsbaum und darunter die Geschenke, das bange Warten während des Tages auf die Bescherung und auch die Christmette: All das gehört für mich zum Zauber der Weihnacht – ein Zauber, der noch heute auf mich wirkt.

Tipps für einen gelungenen Abend

Ob ich zum Heiligen Abend allzu viel schreiben soll, weiß ich nicht recht. Ich denke, jede Familie hat ihre eigenen Traditionen und Gebräuche – da gibt es kein richtig oder falsch. Ein paar allgemeine Ratschläge möchte ich aber doch geben:

★ So gut Spontaneität in der Regel ist – dem Fest tut absolute Spontaneität nicht gut. Der Heilige Abend ist ein Ritual. Und Rituale haben immer eine feste Form. Wie wird der Baum geschmückt? Wer schmückt ihn? Wann versammelt sich die Familie um den Baum? Wie läuft das Fest ab? Wann ist die

Bescherung, und wie läuft sie ab? Wenn diese Dinge geklärt sind, wird das Fest mit hoher Wahrscheinlichkeit schön und bereichernd.

- Gemeinsamkeit ist wichtig. Gemeinsames Singen, Musizieren oder Spielen ist das A und O. Einfach die Kerzen anzuzünden, Geschenke auszupacken und sich dann mit seiner Beute ins Zimmer zurückzuziehen nimmt dem Fest das Festliche.
- Lachen und Stille – beide sind wichtig. »Bierernst« zu feiern ist nichts, finde ich. Zu einem schönen Fest gehören gute Laune und gute Stimmung. Ich finde es beispielsweise eine prima Idee, wie es bei einem meiner ältesten Freunde gehandhabt wird: Zum Heiligen Abend gehört, dass jedes Familienmitglied eine kleine Geschichte erzählt; etwas, das ihn dieses Jahr besonders berührt hat oder was er besonders lustig fand. Und als Kontrast hat mein Freund eingeführt, dass die ganze Familie vor der Bescherung ein Gebet spricht, das um Glück, Frieden und materielle Sicherheit für die Armen der Welt bittet – in dieser Stimmung Geschenke zu empfangen ist etwas ganz anderes, als sie als etwas Selbstverständliches anzusehen.
- Kein Streit! In manchen Familien gehört ja Streiten geradezu zum Beisammensein. Auch das ist in Ordnung – aber nicht am Heiligen Abend. Wenn man zum Streiten neigt, ist es vielleicht gut, das anzusprechen und zu vereinbaren, für diesen einen Abend wirklich Frieden zu wahren. Das fällt mit einem kleinen Vergebungsritual leichter.

Ein kleines Vergebungsritual

… das man zum Beispiel am selben Tag einige Stunden vor der Feier machen kann:

- Alle setzen sich zusammen, und jeder schreibt auf ein Papier, was ihn stört.
- Dann darf jeder seine Beschwerden vortragen – und niemand darf ihn dabei unterbrechen oder dagegen argumentieren.
- Wenn dann alle durch sind, knüllen sie die Papiere zusammen, werfen alle in einen feuerfesten Topf und verbrennen sie.

Nun wäre es ein wenig albern, nur an diesem einen Tag nicht zu streiten. Aber wenn zumindest einmal dieser Tag dem Nichtstreiten gewidmet ist, wird man vielleicht feststellen, dass es Streit eigentlich gar nicht braucht.

Ein frohes Fest!

Stephani

Eigentlich gehört der Stephanitag vom Zeitablauf her ins nächste Kapitel, zu den Rauhnächten. Aber weil er ein christliches Fest ist und am letzten Weihnachtstag gefeiert wird, soll er dieses Kapitel abschließen.

Der erste Märtyrer

Der heilige Stephanus war ein Zeitgenosse Jesu. Er kam kurz nach Jesu Geburt auf die Welt und verließ sie nur wenige Jahre nach Jesu Tod.

Er war wohl der Erste, der wegen seines christlichen Glaubens umgebracht wurde, und gilt daher als erster Märtyrer. Und er war einer der ersten sieben Diakone. Diese sieben Männer »voll Geist und Weisheit« waren von der urchristlichen Gemeinde berufen worden, um sich um die Witwen und Waisen zu kümmern.

Nun sollte man meinen, dass dies kaum etwas sein kann, was den Zorn der Mächtigen heraufbeschwört. Aber da kann man eben nie sicher sein.

Irgendwelche Leute hatten das Gerücht aufgebracht, dass Stephanus gesagt habe, Jesus wolle den Tempel in Jerusalem zerstören. Also wurde Stephanus zu einer Gerichtsverhandlung vor dem Hohen Rat, dem Sanhedrin, geladen und befragt, ob an dem Gerücht etwas dran sei. Stephanus hätte einfach »Nein« sagen können, dann wäre er vielleicht kein Märtyrer geworden. Aber Stephanus sagte nicht einfach »Nein«, son-

dern antwortete darauf mit der längsten Rede der Apostelgeschichte. In dieser Rede führte er den Anklägern vor Augen, dass sie eigentlich selbst auf der Anklagebank säßen und einen großen Fehler begingen, Jesus Christus zu verwerfen.
Diese Rede war so überzeugend, dass ihn die Richter sogleich packten, vor die Stadtmauern zerrten und steinigten. Und damit wurde Diakon Stephanus zum ersten christlichen Märtyrer und später zum Heiligen.
In der katholischen Kirche ist St. Stephan der Schutzheilige der Böttcher, Kutscher, Maurer, Steinhauer, Pferdeknechte, Weber, Schneider und Zimmerleute. Außerdem ist er auch der Schutzpatron der Stadt Passau.
Der 26. Dezember ist im Kalender der römisch-katholischen Kirche, der altkatholischen Kirche und der lutherischen Kirchen der Gedenktag des hl. Stephanus – mit einer Ausnahme. Wenn der 26. Dezember nämlich ein Sonntag ist, wird in der katholischen Kirche das Fest des hl. Stephanus durch das Fest der Heiligen Familie ersetzt.

Stephani ist auch der zweite Tag der Rauhnächte. Über die Rauhnächte wollen wir gleich noch sprechen. Die Rauhnächte haben mich so fasziniert, dass ich darüber mein erstes Buch geschrieben habe. Hier kann ich natürlich nicht so ausführlich sein – schließlich ist es ein Buch über die Weihnachtszeit. Diejenigen, die mein Buch zu den Rauhnächten kennen, bitte ich um Entschuldigung, wenn ihnen ein paar Dinge sehr bekannt vorkommen …

Zeit der Stille

Die Rauhnächte – von Stephani bis zum Dreikönigstag

Der Mond braucht 29,5 Tage von Neumond zu Neumond. Zwölf Monate sind also 354 Tage – ein Mondjahr. Nun braucht die Sonne aber länger, um wieder an derselben Stelle am Himmel zu stehen, nämlich etwa 365 Tage – ein Sonnenjahr. Die elf Tage und zwölf Nächte, die die Lücke vom Mondjahr zum Sonnenjahr mit seinen 365 Tagen füllen, sind »die toten Tage«, »die Zeit außerhalb der Zeit«, »die Zeit zwischen den Jahren« oder eben die »Rauhnächte«.

Die Rauhnächte sind die dunkelste Zeit des Jahres. Das alte Jahr ist noch nicht ganz zu Ende, und das neue Jahr hat noch nicht ganz begonnen. Diese Zeit lädt dazu ein, über das bisherige Leben nachzusinnen. Der Rückzug in die Stille harmoniert mit der Stille in der Natur. Diese Stimmung hilft uns, unser Gespür für das Wesentliche, das den Augen so oft verborgen bleibt, zu schärfen.

Noch vor hundert Jahren waren die Rauhnächte für viele ein spiritueller Höhepunkt des Jahres. In dunklen, kalten Wintertagen bot sich reichlich Gelegenheit, Zeit mit der Familie zu verbringen, sich zu besinnen, Geschichten zu erzählen und die Weichen für die Zukunft neu zu stellen.

Großmutter und die stade Rauhnachtszeit

Die Rauhnächte waren in meiner Kindheit stets eine sehr intensive Zeit – wohl auch, weil meine Großmutter eine wahre Fundgrube an gruseligen Geschichten war. Aber diese Gruselgeschichten gab es immer nur in der Zeit der Rauhnächte. Wir fürchteten uns zwar ein wenig – aber das Gruseln gehörte eben dazu. Es war nicht dasselbe wie eine wirkliche Angst, es war mehr eine Stimmung. Eine Stimmung, in der Respekt vor dem Unsichtbaren und Unerklärlichen mitschwingt und den Geist wacher macht.

Ich habe ja schon gesagt, dass meine Großmutter in der Zeit der Rauhnächte eine wichtige Rolle spielte – das heißt eine

noch größere als ohnehin schon. Doch in den Rauhnächten war sie der Hausvorstand. Sie gab den Ton an und wusste genau, was zu tun war. Und sie behauptete das nicht nur, sondern stellte es immer wieder unter Beweis.

Einen Wetterbericht im Radio oder Fernsehen brauchten wir nicht. Großmutter wusste viel besser, wie das Wetter werden würde. Aber sie konnte nicht nur kurzfristig Niederschläge und Winde vorhersagen, sondern auch das Wetter des ganzen folgenden Jahres: Großmutter las es an den Rauhnächten ab – jeder Tag stand für einen Monat im neuen Jahr.

Großmutter lachte oft und hatte einen Humor, der auch die dunkelsten Zeiten erleichterte. Aber bei den Rauhnächten kannte sie keinen Spaß. Die waren zu wichtig. In der Zeit der Rauhnächte war die Stille wichtig. Während sie im Sommer sogar mit uns Ball spielte, waren in der Rauhnachtszeit gar

keine lauten, lärmenden Spiele erlaubt. Und ganz böse wurde sie, wenn wir zu dieser Zeit miteinander stritten.
»Das gibt ein Unheil, wenn ihr in den Rauhnächten streitet!«, rief sie mit einer Stimme, die keinen Widerspruch zuließ und schnell für Frieden oder zumindest Waffenstillstand sorgte.
Aber wir Kinder waren nicht die Einzigen, für die das strenge Regiment meiner Großmutter Einschränkungen bedeutete. Karten spielen? Kam nicht infrage. Dreckige Witze erzählen? Verboten. Unordnung? Stirnrunzeln und böse Blicke … Das alles wirkt sehr streng und unentspannt – aber das war nur ein Teil. Dadurch, dass Großmutter keinen Radau zuließ, konnte sich die ernsthafte, besinnliche Stimmung der Rauhnächte kraftvoll entfalten.

Vom Sinn der alten Bräuche und Sagen

Ich meine, dass das Innehalten und die Stille etwas ganz Wichtiges sind. Erst wenn wir still werden, können wir feinere Klänge wahrnehmen; erst wenn unser Geist ruhig wird, können wir in uns gehen.
In unserem Dorf wurden die Bräuche der Rauhnächte so begangen wie eh und je. Jeder wusste, dass diese Zeit wichtig war. Und es war wichtig, die Bräuche zu beachten, denn sie halfen ganz konkret dabei, die Welt zu verstehen, für die Zukunft zu sorgen, Orientierung zu bekommen.
Auch die Sagen und Geschichten, die Großvater, aber in den Rauhnächten oft auch Großmutter in der warmen Stube am Kamin erzählten, gehörten einfach dazu. Die Märchen und

Sagen waren oft gruselig, aber auf subtile Weise auch lehrreich. Natürlich lernten wir die Sagengestalten unserer Heimat kennen, die wilde Berchta, die Waldgeister, den Schwammerlkönig und viele andere. Wir gruselten uns, aber wir überwanden die Angst, und das gab uns Mut. Alte Geschichten und Märchen beinhalten aber immer noch viel mehr: Sie vermitteln Bräuche, moralische Werte und Ehrfurcht vor dem, was unserem bloßen Verstand nicht zugänglich ist.

Rauhnacht-Seelenreise

Ich möchte Ihnen einen kleinen Leitfaden geben, wie Sie die Rauhnächte zu einem Weg der Selbsterkenntnis und Entfaltung werden lassen können. Unsere Seelenreise hat 12 Stationen, in denen wir üben, das Alte abzuschließen, zur Ruhe zu kommen und uns den inneren Erfahrungen zu öffnen. Diese Seelenreise ist die Vorbereitung auf einen neuen, kraftvollen Lebenszyklus, ein neues Jahr.

Erste Rauhnacht – 25. Dezember: Abschluss

Der erste Weihnachtsfeiertag ist die erste Rauhnacht. Hier befindet sich die Grenze zwischen dem Alten und dem Neuen. Das Neue ist noch nicht ganz da, das Alte noch nicht völlig vorbei. Nun ist es Zeit abzuschließen. Das Thema der Rauhnacht lautet daher: *Das Alte liebevoll abschließen und loslassen.*

Besinnungsübung

➤ Sie sitzen still, mit geschlossenen Augen, und kommen ein wenig zur Ruhe. Atmen Sie tief durch. Dann öffnen Sie die Augen und entzünden die Kerze, die vor Ihnen steht.

➤ Während die Flamme der Kerze immer mehr Ihren Geist erfüllt, lassen Sie das vergangene Jahr vor Ihrem inneren Auge vorüberziehen.

➤ Immer dann, wenn Sie zu einem Ereignis kommen, das eine besondere Bedeutung für Sie hatte, halten Sie kurz inne – und lassen es dann bewusst los, ganz gleich, ob es etwas Schönes, Unangenehmes oder gar Schmerzhaftes war. Machen Sie sich bewusst, dass Sie keine Kraft vergeuden müssen, um dieses Ereignis festzuhalten – Ihre Erfahrungen sind in Ihrer Seele zu Hause; wenn Sie sie liebevoll loslassen, finden sie den richtigen Ort in Ihrer Seele.

➤ Ist das vergangene Jahr in Ihrem Geist vorübergezogen, sind Sie wieder in der Gegenwart angekommen. Danken Sie dem Göttlichen für alle Erfahrungen.

➤ Beschließen Sie das Ritual damit, dass Sie ganz bewusst die Kerze löschen. Kehren Sie befreit und mit neuer Kraft wieder in Ihren Tag zurück.

Zweite Rauhnacht – 26. Dezember: Stille

Dieser Tag ist nicht nur der zweite Weihnachtsfeiertag, sondern auch die zweite Rauhnacht. Das Alte haben Sie am Tag zuvor abgeschlossen und losgelassen. Das ist eine gute Vorbereitung für die heutige Aufgabe, die darin besteht, die Stille in unserer Seele zu kultivieren. Das Thema der zweiten Rauhnacht lautet also: *Still werden.*

Besinnungsübung

➤ Sie sitzen still, mit geschlossenen Augen, und kommen ein wenig zur Ruhe. Atmen Sie tief durch. Dann öffnen Sie die Augen und entzünden die Kerze, die vor Ihnen steht.

➤ Sie können nun die Augen wieder schließen. Bitten Sie Ihre Seele darum, Sie zu Ihrem heutigen Ziel zu geleiten: »Führe mich zur inneren Stille und zu innerem Frieden.« Sie bitten um innere Führung – es ist nicht nötig, Druck auszuüben oder zu versuchen, etwas zu erzwingen. Folgen Sie der Stimme Ihrer Seele zur Stille.

➤ Wann immer Ablenkungen wie Grübelgedanken, Erinnerungen und Gefühle in Ihren Weg treten: Begrüßen Sie sie freundlich und lassen Sie sie dann einfach weiterziehen. Es macht nichts, wenn Sie dann und wann bemerken, dass Sie doch grübeln oder an einer Erinnerung festhalten – kehren Sie einfach wieder zu Ihrem Ritual zurück.

➤ Wenn Sie spüren, dass Sie sich dem Ort der Stille nähern, genießen Sie dieses Gefühl und lassen sich von ihm leiten.

➤ Vertrauen Sie Ihrer Seele, Ihnen zu sagen, wann es Zeit wird, die Übungen zu beenden.

➤ Beschließen Sie das Ritual damit, dass Sie ganz bewusst die Kerze löschen. Kehren Sie mit neu gewonnener Ruhe und der Kraft der Stille wieder in Ihren Tag zurück.

Dritte Rauhnacht – 27. Dezember: Öffnung

Die dritte Rauhnacht nutzt die Tatsache, dass die Tore der Seele nun besonders leicht zu öffnen sind oder sogar weit offen stehen. Sich dem Unbekannten zu öffnen kann mitunter Ängste wecken. Die Angst ist aber kein Hinweis auf äußere Gefahr, sondern eine natürliche Reaktion auf das Unbekannte und die unverstandenen Kräfte, die in Ihnen schlummern. Wann immer Angst in Ihnen auftaucht: Begrüßen Sie sie als Freund und Gefährten, aber lassen Sie sich nicht von Ihrem Weg abbringen.
In der dritten Rauhnacht ist unser Thema: *Sich öffnen.*

Besinnungsübung

➤ Sie sitzen still, mit geschlossenen Augen, und kommen ein wenig zur Ruhe. Atmen Sie tief durch. Dann öffnen Sie die Augen und entzünden die Kerze, die vor Ihnen steht.

➤ Gehen Sie den vergangenen Tag in Gedanken durch. Halten Sie bei kleinen, nebensächlichen Dingen an – und betrachten Sie sie mit Neugier und Achtsamkeit. Was zeigt sich, das Sie zuvor nicht bemerkt hatten? Achten Sie ganz besonders auf die Menschen, denen Sie begegnet sind. Achten Sie auf das, was in der Natur geschehen und Ihnen im Alltagsbewusstsein gar nicht aufgefallen ist. Vermeiden Sie dabei alles Bewerten, Einordnen und Urteilen.

➤ Indem Sie nichts sofort einordnen und bewerten, wird Ihr Blick weiter. Dann werden Sie vielleicht erstaunt feststellen, wie Ihnen »Zeichen« gegeben werden und wie Sie sie sinnvoll deuten.

➤ Beschließen Sie das Ritual damit, dass Sie ganz bewusst die Kerze löschen. Kehren Sie mit neu gewonnenen Einsichten und klarerem Blick wieder in Ihren Tag zurück.

Vierte Rauhnacht – 28. Dezember: Vertrauen

Krankheiten, Schicksalsschläge und andere unangenehme Dinge geschehen einfach. Wir können daran verzweifeln – oder ihnen Vertrauen in das Leben selbst entgegensetzen: das Vertrauen, dass alles letztlich gut ist, auch wenn wir es noch nicht erkennen und verstehen. Unsere innere Weisheit kann aus jedem Schicksalsschlag eine wertvolle Lektion machen, die dem Leben einen tieferen Sinn gibt.
Das Thema der vierten Rauhnacht ist daher: *Vertrauen in die innere Weisheit gewinnen.*

Besinnungsübung

➤ Sie sitzen still, mit geschlossenen Augen, und kommen ein wenig zur Ruhe. Atmen Sie tief durch. Dann öffnen Sie die Augen und entzünden die Kerze, die vor Ihnen steht.

➤ Schließen Sie die Augen und denken Sie an ein Ereignis in Ihrer Vergangenheit, das Sie sehr belastet hat und mit unangenehmen Gefühlen behaftet war, das Sie aber heute ganz überwunden haben und an das Sie vielleicht sogar mit einem Lächeln zurückdenken (beispielsweise die erste enttäuschte Liebe).

➤ Sehen Sie sich das damalige Ereignis nun mit Ihrem heutigen Selbst wie ein mitfühlender Besucher von außen an.

➤ Bedanken Sie sich bei Ihrer inneren Weisheit, die Sie allmählich aus Wut, Verzweiflung, Angst oder Trauer wieder hinausgeführt hat.

➤ Geben Sie sich selbst das Versprechen, Ihrer inneren Weisheit zu vertrauen, die weiß, wann Sie des Trostes und Mitgefühls, der Hoffnung und inneren Führung bedürfen.

➤ Werden Sie sich dessen bewusst, dass dieser innere Anteil, der Sie gerade Ihr früheres Selbst mit Mitgefühl und Liebe betrachten ließ, immer Ihr Begleiter sein kann, der Sie mit Mitgefühl und Liebe betrachtet und der ein Teil Ihrer inneren Weisheit wird.

➤ Beenden Sie die Besinnungsübung mit einem Dank an Ihre innere Weisheit: »Ich danke dir, meine innere Weisheit. Ich weiß, dass es immer wieder Schwierigkeiten geben kann, doch dass es nur darauf ankommt, wie ich mit diesen Schwierigkeiten umgehe. Ich werde von nun an ganz auf dich vertrauen und mich von dir leiten lassen. Ich danke dir, innere Weisheit.«

➤ Beschließen Sie das Ritual damit, dass Sie die Augen öffnen und ganz bewusst die Kerze löschen. Kehren Sie mit neu gewonnener Leichtigkeit und getragen von dem Vertrauen in Ihre innere Weisheit wieder in Ihren Tag zurück.

Fünfte Rauhnacht – 29. Dezember: Sinnlichkeit

Das Spirituelle hat seinen Widerhall im Körper, das Geistige wirkt auch auf die Seele, und unser Körper ist mit Geist und Seele aufs Innigste verbunden. Es ist wichtig, alle drei Aspekte unseres Daseins wertzuschätzen.

In den Rauhnächten entfaltet jede Naturmedizin eine besondere Wirkung. Überhaupt ist alles, was dem Körper guttut, jetzt besonders förderlich. Richten Sie Ihre Achtsamkeit heute einmal ganz auf das Essen. Spüren Sie jedem Bissen genau nach: wie der Geschmack genau ist, welche Konsistenz die Nahrung hat, wie es sich im Bauch anfühlt und wie Sie sich nach dem Essen fühlen.

Unser Thema der fünften Rauhnacht lautet:
Den Körper heiligen.

Besinnungsübung

➤ Sie sitzen still, mit geschlossenen Augen, und kommen ein wenig zur Ruhe. Atmen Sie tief durch. Dann öffnen Sie die Augen und entzünden die Kerze, die vor Ihnen steht.

➤ Gehen Sie Ihren Körper von unten nach oben durch. Nehmen Sie die Lage, die Temperatur, Berührungsstellen und andere Empfindungen wahr; achten Sie auch darauf, ob Spannung oder Entspannung in einem Körperteil vorhanden ist.

➤ Bei jedem Körperteil, auf das sich gerade Ihre Achtsamkeit richtet, verweilen Sie für eine Einatmung und eine Ausatmung. Spüren Sie dem Unterschied nach. Vermeiden Sie alles Bewerten, Einordnen und Urteilen und versuchen Sie nicht unbedingt, etwas zu verändern. Schicken Sie einen kurzen »Danke, dass es dich gibt!«-Gedanken an das jeweilige Körperteil.
Sie beginnen bei den Zehen. Dann die Füße, die Unterschenkel, die Oberschenkel, die Hüfte, der untere Rücken, der obere Rücken, die Brust, der Bauch, die Finger, die Hände, die Unterarme, Oberarme, Schultern, der Nacken, der Kopf, das Gesicht.

➤ Sind Sie Ihren ganzen Körper durchgegangen, versuchen Sie kurz, den Körper als Ganzes wahrzunehmen – eine tiefe Einatmung und eine tiefe Ausatmung lang.

➤ Beschließen Sie das Ritual damit, dass Sie die Augen langsam öffnen und ganz bewusst die Kerze löschen. Kehren Sie mit einem vertrauten lieben Freund – Ihrem Körper – wieder in Ihren Tag zurück.

Sechste Rauhnacht – 30. Dezember: Gefühle

Das Gefühlsleben ist in den Rauhnächten besonders intensiv. Manchmal wechselt die Stimmung rasch von unbändiger Freude zu dumpfer Traurigkeit. Es ist wichtig, dass wir unsere Gefühle ernst nehmen – aber auch, dass wir verstehen, dass wir nicht unsere Gefühle sind. Sie sollten unsere lieben, engen Freunde und Ratgeber sein, nicht aber unsere Meister. Geben Sie heute besonders auf Ihre Gefühle acht, ohne sie fortzuschieben, aber auch ohne ihnen blindlings zu folgen.
Das Thema dieser Rauhnacht ist:
Die Gefühle umarmen.

Besinnungsübung

- Sie sitzen still, mit geschlossenen Augen, und kommen ein wenig zur Ruhe. Atmen Sie tief durch. Dann öffnen Sie die Augen und entzünden Sie die Kerze, die vor Ihnen steht.
- Richten Sie Ihre Aufmerksamkeit nun ganz auf die Gefühle, die Sie bewegen, und tauchen Sie in diese Gefühle ein. Wenn Ihnen zum Lachen zumute ist, lachen Sie; fühlen Sie Trauer, scheuen Sie keine Tränen. Lassen Sie geschehen, was geschieht. Schieben Sie nichts beiseite, aber lassen Sie das Gefühl dann auch wieder ziehen und halten Sie es nicht fest.
- Bleiben Sie mindestens eine halbe Stunde bei dieser Übung.
- Beenden Sie das Besinnungsritual, indem Sie die Augen

langsam öffnen und ganz bewusst die Kerze löschen. Atmen Sie ein paarmal tief durch, lächeln Sie sich selbst zu und bedanken Sie sich für den Reichtum Ihrer Seele.

Siebte Rauhnacht – 31. Dezember: Herzensziele

Früher wurde Silvester ein wenig anders gefeiert als heute. Und auch damals wurde nicht weniger Lärm veranstaltet als mit unseren heutigen Feuerwerken. Die alten heidnischen Rituale, die böse Geister vertreiben sollten, waren wild und laut, mit dämonischen Masken, unbändigem Geschrei und Tanz – und doch ging es in erster Linie darum, nach innen zu blicken.
Das Ende des Jahres scheint ein ziemlich willkürliches Datum zu sein; im Gegensatz zu den großen Jahreszeitenfesten bezieht es sich nicht auf astronomische Ereignisse. Und doch gibt es eine Besonderheit: Es ist der Mittelpunkt der Rauhnächte!
Im Äußeren, Oberflächlichen wird jetzt der Jahreswechsel verkündet. Das können wir gut zum Anlass nehmen, uns über das, was wir mit dem Rest unseres Lebens vorhaben, klar zu werden. Das Thema dieser Rauhnacht heißt daher:
Die Herzensziele entdecken.

Besinnungsübung

➤ Sie sitzen still, mit geschlossenen Augen, und kommen ein wenig zur Ruhe. Atmen Sie tief durch. Dann öffnen Sie die Augen und entzünden die Kerze.

➤ Richten Sie Ihren Blick ganz auf die Kerze und stellen Sie sich vor, dass in dem flackernden Licht Ihre Zukunft verborgen ist. Bleiben Sie eine Weile dabei und schließen Sie dann wieder die Augen.

➤ Stellen Sie Ihrer inneren Weisheit die Frage: »Was will ich wirklich erreichen, was will ich wirklich bewahren und was wirklich verändern? Es werden Antworten auftauchen – vielleicht gute, vielleicht nichtssagende; lassen Sie erst einmal kommen, was kommen will.

➤ Stellen Sie Ihrer inneren Weisheit die Frage: »Was sind meine Werte?« Lauschen Sie auf die Antworten.

➤ Ihre innere Weisheit hat nun die Suche nach Werten und Wünschen in Gang gesetzt. Vertrauen Sie darauf, dass diese innere Suche auf ein Herzensziel stößt – ein Ziel, das Ihre wahren Wünsche und Ihre Werte vereint.

➤ Bleiben Sie eine Weile sitzen und lauschen Sie Ihrem Inneren, ohne einzugreifen oder zu kommentieren. Befreien Sie sich von der Erwartung, dass eine unmittelbare Antwort auf Ihre Frage nach einem Herzensziel präsentiert wird – und vertrauen Sie gleichzeitig darauf, dass Ihre innere Weisheit Ihnen Ihr Herzensziel klar vor Augen führen wird, wenn es so weit ist.

➤ Beenden Sie das Ritual, indem Sie die Augen langsam öffnen und ganz bewusst die Kerze löschen. Atmen Sie ein paarmal tief durch und kehren Sie in dem Wissen, dass Sie ein Herzenziel haben, in Ihren Alltag – und vielleicht auf die Silvesterfeier – zurück.

Achte Rauhnacht – 1. Januar: Entscheidung

Der Kalender zeigt nun eine neue Jahreszahl. Aus dem Blickwinkel der Rauhnächte ist nun die Mitte der Vorbereitungszeit auf das kommende Jahr erreicht – nun wird es immer wichtiger, das Erkannte auch in Handeln umzusetzen. Dabei ist es sowohl wichtig, seiner Intuition zu vertrauen, als auch, alle inneren Kräfte auf einen Weg zu bündeln.
Und daher lautet das Thema dieser Rauhnacht:
Eine Entscheidung treffen.

Besinnungsübung

➤ Sie sitzen still, mit geschlossenen Augen, und kommen ein wenig zur Ruhe. Atmen Sie tief durch. Dann öffnen Sie die Augen und entzünden die Kerze.

➤ Schließen Sie Ihre Augen und rufen Sie sich eines Ihrer Herzensziele oder ein Neujahrsvorhaben vor Augen. Sie wollen dieses Ziel oder Vorhaben erreichen – und dazu wollen Sie es nun kraftvoll in Ihrem Geist verankern.

➤ Machen Sie sich ein inneres Bild von Ihrem Ziel, und stellen Sie sich Ihren Weg dorthin möglichst bunt, motivierend und angenehm vor … Lassen Sie sich von seiner Kraft tragen.

➤ Wenn Sie spüren, dass die Motivation, auf dieses Ziel zuzugehen, wächst, dann genießen Sie das einfach noch eine Weile und freuen Sie sich darauf, es Wirklichkeit werden zu lassen.

➤ Beenden Sie die Übung, indem Sie sich bei Ihrer inneren Weisheit dafür bedanken, dass Ihnen der richtige Weg gewiesen und Ihnen geholfen wurde, sich zu entscheiden, kraftvoll diesen Weg zu gehen. Öffnen Sie dann Ihre Augen und löschen Sie ganz bewusst die Kerze. Atmen Sie ein paarmal tief durch, und kehren Sie mit der freudigen Spannung, die Ihr Weg zu Ihrem Ziel mit sich bringt, in Ihren Alltag zurück.

Neunte Rauhnacht – 2. Januar: Vergebung

Um wirklich neu beginnen zu können, ist es wichtig, die Dinge, die uns belasten, Kränkungen, Verletzungen, alte Wunden heilen zu lassen und Raum im Herzen zu schaffen. Durch Verzeihen und Vergeben machen Sie sich selbst ein großes Geschenk und kommen einen Riesenschritt auf Ihrem spirituellen Weg voran. Das Thema des heutigen Rauhnachttages ist daher: *Die Kraft der Vergebung.*

Vergebungsritual

Die Kraft der Vergebung ist nichts, was Sie jemand anderem geben, sondern eine Kraft, die Sie durch das Vergeben selbst gewinnen. Um zu verzeihen (was natürlich etwas völlig anderes ist als gutheißen!), kann ein Ritual eine große Hilfe sein.

Was Sie dazu brauchen, ist nur:

- ein Blatt Papier und einen Stift
- eine feuerfeste Schale
- drei Kerzen
- Streichhölzer oder ein Feuerzeug

➤ Sie sitzen still, mit geschlossenen Augen, und kommen ein wenig zur Ruhe. Atmen Sie tief durch. Dann öffnen Sie die Augen und nehmen Papier und Stift zur Hand.

- Schreiben Sie die Namen der Menschen, die Sie gekränkt haben, auf das Blatt, dazu jeweils einen kurzen Satz über die Ihnen zugefügte Verletzung.
- Zünden Sie die drei Kerzen an – eine für die Vergangenheit, eine für die Gegenwart und eine für die Zukunft.
- Schließen Sie dann die Augen und finden Sie Ruhe in sich selbst.
- Holen Sie die Personen, die Sie verletzt haben, vor Ihr inneres Auge. Sprechen Sie aus, was Sie belastet.
- Lächeln Sie dann und wiederholen Sie bei jeder Person: »Ich verstehe, dass du damals gehandelt hast, wie du handeln musstest, und ich verzeihe dir.«
- Wenn Sie dies bei allen Personen auf dieser Liste getan haben, öffnen Sie die Augen und zerreißen das Blatt in drei Teile. Zünden Sie die Teile jeweils an einer Kerze an und lassen Sie das Papier in der Schale (oder im Freien) verbrennen. Sie lösen damit die negativen Kräfte des Kummers, des Ärgers oder der Wut – in der Vergangenheit, der Gegenwart und der Zukunft.
- Ist das Papier zu Asche verbrannt, legen Sie Ihre Hände über Ihr Herz, schließen kurz die Augen und spüren Ihrer neuen Freiheit nach, die Ihnen das Ritual geschenkt hat.
- Beenden Sie das Ritual, indem Sie die Augen langsam öffnen und ganz bewusst die Kerze löschen. Atmen Sie ein paarmal tief durch und kehren Sie mit dem Gefühl der tiefen Befreiung in Ihren Alltag zurück.

Zehnte Rauhnacht – 3. Januar: Achtsamkeit

Heute wollen wir etwas in den Mittelpunkt stellen, das bereits Bestandteil der vorhergehenden Übungen war: die Achtsamkeit. Achtsamkeit heißt nichts anderes, als seine Sinne weit zu öffnen und ganz und gar im Hier und Jetzt zu sein. Achtsamkeit heißt, die Dinge einfach bewusst wahrzunehmen, sie nicht zu bewerten, nicht zu beurteilen – und sie loszulassen. Dies haben Sie schon in den anderen Besinnungsübungen gemacht, doch heute wollen wir die Achtsamkeit an sich üben. Das Thema dieser Rauhnacht heißt daher: *Achtsamkeit.*

Achtsamkeitsübung

➤ Sie sitzen still, mit geschlossenen Augen, und kommen ein wenig zur Ruhe. Atmen Sie tief durch. Dann öffnen Sie die Augen und entzünden die Kerze.

➤ Verfolgen Sie für eine Weile lediglich Ihren Atem – wie die Luft einströmt, wie sie ausströmt. Sonst nichts.

➤ Natürlich werden Gedanken, Bilder, Geräusche oder lästige Körperwahrnehmungen auftauchen – aber das macht nichts. Das gehört zur Übung. Lassen Sie auch diese Wahrnehmung zu, und dann lassen Sie sie los und kehren wieder zur Übung der Atembeobachtung zurück. Das ist der wichtigste Teil der Übung: diese Dinge zu bemerken und wieder ganz ins Jetzt zurückzukehren.

➤ Versuchen Sie schließlich, die Beschränkung auf den Atem loszulassen. Versuchen Sie, einfach da zu sein, bewusst, gegenwärtig, offen, nichts bewertend … Das ist nicht so einfach. Aber der Versuch ist ja die Übung! Wenn Sie regelmäßig üben, wirklich tief in die Gegenwart, in das Lauschen, Schauen und Spüren einzutreten, werden Sie allmählich mehr als das Offensichtliche wahrnehmen. Diese Rauhnacht kann der Beginn eines ständigen spirituellen Wachstums werden.

➤ Beenden Sie die Übung, indem Sie die Augen langsam öffnen und ganz bewusst die Kerze löschen. Atmen Sie ein paarmal tief durch und kehren Sie mit dem Gefühl der großen Weite des Jetzt in Ihren Alltag zurück.

Elfte Rauhnacht – 4. Januar: Dankbarkeit

Für das Angenehme dankbar zu sein wird Ihnen nicht so schwerfallen. Das Geheimnis liegt aber darin, dass Sie auch den umgekehrten Weg gehen können. Kultivieren Sie die Kraft der Dankbarkeit, und Ihr Leben wird an Schönheit gewinnen!

In den Rauhnächten ist die Seele empfänglicher. Das ist eine Einladung an uns, uns zu besinnen und uns bewusst zu werden, wie viel Gutes uns begegnet.

Nun ist Dankbarkeit auf keinen Fall eine moralische Pflicht oder etwas, bei dem wir wahre Engel sein müssten. Dankbarkeit ist einfach eine wunderbare Methode, Freude und Zufriedenheit in unser Leben einzuladen. Denn indem wir dankbar sind, verbinden wir uns mit dem Leben selbst. Wir fühlen uns eins mit der Welt. Und wir begegnen unseren Mitmenschen auf eine Art und Weise, die uns und sie ein wenig glücklicher macht.
Das ist also das Thema dieser Rauhnacht:
Dankbar sein.

Dankbarkeitsritual

➤ Sie sitzen still, mit geschlossenen Augen, und kommen ein wenig zur Ruhe. Atmen Sie tief durch. Dann öffnen Sie die Augen und entzünden die Kerze.

➤ Lassen Sie den vergangenen Tag noch einmal in Gedanken im Schnelldurchlauf passieren und achten Sie auf alles, was in irgendeiner Form gut war.

➤ Zählen Sie mindestens fünf Dinge auf, für die Sie an diesem Tag dankbar waren. Vielleicht ist das zunächst schwer; doch Sie werden schnell merken, dass die Zahl der Dinge, für die Sie dankbar sein können, ständig wächst!

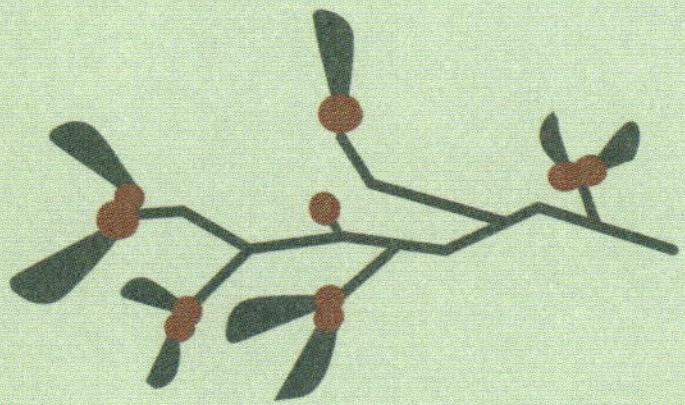

➤ Nennen Sie nun noch mindestens fünf Menschen, denen Sie dankbar sind.

➤ Beenden Sie die Übung, indem Sie die Augen langsam öffnen und ganz bewusst die Kerze löschen. Atmen Sie ein paarmal tief durch, geben Sie dem Gefühl der Dankbarkeit in Ihrem Herzen Raum und kehren Sie lächelnd in Ihren Alltag zurück.

Zwölfte Rauhnacht – 5. Januar: Licht

Heute endet die Rauchnachtzeit und mit ihr eine hoffentlich spannende Seelenreise, die das neue Jahr prägen wird. Der Dreikönigstag beginnt um Mitternacht, und damit ist das alte Jahr nun endgültig Vergangenheit. Das neue Jahr ist angebrochen, das Licht wird immer kraftvoller.
Lassen wir daher das Licht auch das Thema dieser Rauhnacht sein: *Das Licht des Kommenden.*

Abschiedsritual

➤ Sie sitzen still, mit geschlossenen Augen, und kommen ein wenig zur Ruhe. Atmen Sie tief durch. Dann öffnen Sie die Augen und entzünden die Kerze.

➤ Versetzen Sie sich in Gedanken zwölf Tage zurück. Lassen Sie Ihre Erfahrungen der Rauhnächte und Ihrer Seelenreise noch einmal auf Ihrer inneren Bühne auftreten.

➤ Lassen Sie jeder dieser Erfahrungen Raum, sich zu präsentieren. Dann bedanken Sie sich und lassen diese Erfahrung als Licht in Ihrer Seele Platz finden. Anschließend können Sie die nächste Erfahrung sprechen lassen.

➤ Achten Sie insbesondere darauf, welche Schritte, welche Übungen, welche Erfahrungen Ihnen Neues vermittelt haben. All diese Dinge sind Leuchtzeichen auf Ihrem spirituellen Weg. Sie sammeln das Licht des Kommenden in Ihrer Seele.

➤ Verankern Sie alle wichtigen Einsichten durch Bilder oder Leitsätze in Ihrem Geist.

➤ Beenden Sie die Übung, indem Sie die Augen langsam öffnen und ganz bewusst die Kerze löschen.

➤ Zum Abschied von den Rauhnächten machen Sie es so, wie es früher üblich war: Öffnen Sie Türen und Fenster weit und lassen Sie alle dunklen Kräfte der Vergangenheit hinaus und die lichte, hoffnungsvolle Zukunft herein.

Der Schöne und der Schiache Sepp – ein Rauhnachtmärchen

Es waren einmal zwei Nachbarn, die hießen beide Sepp. Der Huber Sepp hatte ein gutes Herz und war stets freundlich, jedoch hässlich wie sonst keiner; so hieß er nur der Schiache (hässliche) Sepp. Sein Nachbar, der Gruber Sepp, hingegen war feige und hinterhältig, doch er machte leicht schöne Worte und war wohlgestaltet, sodass er der Schöne Sepp gerufen wurde.

Nun war der Schöne Sepp immer darauf aus, seinem Nachbarn, der trotz seiner Hässlichkeit von allen gemocht wurde, einen Streich zu spielen. Und diesmal würde er es ihm wirklich zeigen!

»Lieber Namensvetter«, flüsterte er dem Huber Sepp zu. »Ich habe eine Höhle gefunden, in der ein sagenhafter Schatz sein soll. Wenn du mir hilfst, ihn zu heben, werde ich dir die Hälfte abgeben!«

Das klingt nicht übel, dachte der Huber Sepp, und sie machten sich auf den Weg. Durch den Wald und noch ein wenig klettern – und da war sie, die Höhle. Der Schöne Sepp zündete zwei kleine Kerzen an und lockte ihn tief in die Höhle hinein.

Dann sprach er: »Wie blöd! Jetzt habe ich den Sack mit den Kerzen vergessen; die beiden werden uns nicht reichen. Warte hier auf mich. Ich werde mich sputen.«

So saß der Huber Sepp mit der halben Kerze, die ihm der Schöne dagelassen hatte, in der dunklen Höhle, die alsbald noch dunkler wurde, als die Kerze heruntergebrannt war.

Doch im gleichen Moment, da die Kerze flackerte und verlosch, wurde eine Wand der Höhle wie aus klarem Kristall – und der Sepp staunte. Ein wunderbarer Garten und ein klarer See lagen jenseits des Glases, ein sanftes goldenes Licht durchtränkte den Garten, und inmitten des Gartens stand ein kleines kristallenes Schloss. Aus diesem Schlösschen trat gerade eine Frau, so schön, wie Sepp noch nie eine gesehen hatte. Ja, nicht einmal die Gretel, die Bürgermeistertochter, die er heimlich verehrte, war so vollkommen schön. Und diese Frau schwebte auf ihn zu. Der klare Kristall, der die Höhle von dem Garten trennte, verschwand, und die Frau sprach mit klingender Stimme: »Ich bin Berchta, die Herrin der Winterberge – komm mit mir, und ich werde dir einen Schatz mitgeben.«

Sepp rieb sich die Augen. Ein Schatz! Ja, aber … »Herrin, vergebt mir, ich kann nicht mit Euch kommen. Was soll mein Freund denken, wenn ich verschwunden bin?«

Die Herrin der Winterberge schüttelte mitleidig den Kopf. »Du Tor!«, sagte sie, aber lächelte dabei. »Dann nimm ein Bad im See, das schadet nicht, und das Wasser ist warm und heilsam.«

Da musste Sepp nicht lange überlegen. Der See war ja nur ein paar Schritte entfernt. Sobald er in das Wasser eintauchte, fühlte er seinen ganzen Leib von goldenen Strahlen durchdrungen, die alles mit sich nahmen, was unrein war. Er betrachtete sein Spiegelbild im Wasser und blickte um sich, ob jemand hinter ihm stünde – denn das Spiegelbild zeigte einen hübschen jungen Mann, ganz ohne Warzen und Schrunden.

»Das, was du siehst, ist das Abbild deines guten Herzens.« Die Herrin der Berge lächelte Sepp noch einmal zu – dann war sie mit einem Mal verschwunden, und er war wieder in der Höhle.

Doch zu seinem Erstaunen konnte er nun in der Dunkelheit gut sehen, und so suchte und fand er schnell den Weg hinaus. Der Gruber ist sicher schon auf dem Weg, und ich werde ihm gleich begegnen, dachte Sepp. Doch sein Nachbar saß in seinem Garten und grinste bei dem Gedanken an den dummen Huber in der dunklen Höhle. Morgen würde er ihn wieder holen; einen Mord wollte er nun nicht auf dem Gewissen haben. Als der – nun überhaupt nicht mehr schiache – Huber Sepp vor ihm stand, erkannte er ihn nicht.

»Grüß Gott, mein Herr«, sagte er. »Wen sucht Ihr denn?«

Der ehemals schiache Sepp lachte. »Ja, sag mal, kennst du deinen Nachbarn nimmer?«

Der Schöne Sepp riss Augen und Maul auf, dass ein Pferd hineingepasst hätte. Dann erkannte er den Nachbarn an der Stimme und den Augen. Und sogleich wurde er neidisch. Jetzt konnte er ihn wohl nicht mehr den Schiachen Sepp rufen. Ja, der Huber Sepp sah noch fescher aus als er selbst. Wer würde ihn jetzt wohl noch »den Schönen Sepp« nennen?

Ohne zu erklären, warum er nicht wieder in die Höhle gekommen war, um den Schatz mit seinem Gefährten zu teilen, fragte er geradeheraus, wie es denn zugegangen sei, dass er so verändert war.

Der arglose Huber Sepp erzählte alles geradeheraus, was ihm widerfahren war, und gleich am nächsten Tag machte sich der Schöne Sepp auf den Weg zur Höhle. Er fand die Kammer, in der er seinen Nachbarn verlassen hatte. Ungeduldig wartete er, bis seine Kerze schließlich niederbrannte, flackerte und verlosch.

Und tatsächlich wurde die Höhlenwand wieder durchsichtig, und Berchta, die Herrin der Berge und Hüterin des Heiligen Wassers, schwebte zu ihm herab.

Der Schöne Sepp kniete vor ihr nieder und bat, ihm die gleiche Gnade wie seinem Nachbarn zu gewähren.

»Gewiss«, sprach die Berchta, aber ihre Stimme klang streng. »Geh und nimm ein Bad im See.«

»Das ging leicht!«, dachte Sepp. »Nun werde ich noch viel schöner werden. Und vielleicht kann ich ihr sogar noch ein weiteres Geschenk entlocken.«

Er stieg in den See und tauchte wieder auf, um sich im Spiegel des Wassers zu betrachten. Eine Fratze, die ihm Angst machte, starrte ihm aus blutunterlaufenen Augen entgegen. Er fiel auf die Knie und flehte die Berchta an: »Bitte nehmt diesen Fluch von mir! Warum habt Ihr mir nicht gegeben, was Ihr versprochen habt?«

»Du Narr! Ich halte, im Gegensatz zu dir, meine Versprechen. Du hast dasselbe bekommen wie dein Nachbar: Dein Gesicht ist nun ein Abbild deines Herzens.«

Rauhnachtsbräuche und Bauernregeln

Es gibt eine große Zahl an Bräuchen, die mit den Rauhnächten verbunden sind; meine Großmutter hätte ein ganzes Buch darüber schreiben können. Und es gibt natürlich auch allerlei Bauernregeln. Hier finden Sie die wichtigsten.

Das Kehraus-Ritual

Das Kehraus-Ritual ist eines der wichtigeren Rituale für die Rauhnächte, das Sie mindestens einmal in dieser Zeit ausführen sollten. Dabei gibt es einen inneren und einen äußeren Handlungsablauf.

Der äußere Handlungsablauf ist ganz einfach und entspricht dem Namen des Rituals:

- Sie öffnen die Fenster, wenn es das Wetter zulässt, und kehren mit einem Besen alle Zimmer aus.

Das Kehraus-Ritual ist aber selbstverständlich mehr als ein Hausputz. Das Auskehren hat hier einen symbolischen Wert: Sie kehren alle dunklen und schlechten Kräfte hinaus – deshalb liegt ein besonderer Schwerpunkt beim Kehren auf den Ecken der Zimmer. Das Äußere ist jedoch nicht das Wesentliche – wichtig ist Ihre innere Haltung:

- Kehren Sie nicht einfach so nebenher, sondern machen Sie das Auskehren der negativen Kräfte zum Inhalt Ihres Bewusstseins. Bewegen Sie sich dabei langsam und würdevoll.
- Sehr gut ist es auch, wenn Sie dabei innerlich oder halblaut wiederholen: »Glück zieht herein, Pech zieht hinaus.«

Meine Großmutter schwor darauf, dass durch dieses kleine Ritual bereits viel Unheil abgewandt wurde. Ich weiß nicht, ob sie damit recht hatte; doch ich glaube es schon – vor allem, was Unheil angeht, das aus der eigenen Seele kommt, die bei diesem Kehraus-Ritual, wenn es würdig ausgeführt wird, ebenfalls gereinigt wird.

Das Rauhnacht-Wetterorakel

Das Wetterorakel ist denkbar einfach: Das Wetter des nächsten Jahres lässt sich direkt über das Wetter in den Rauhnächten vorhersagen. In den Zwölften, so heißt es im alten Volksglauben, wird der Wetterkalender fürs ganze Jahr gemacht. So wie das Wetter in den zwölf Rauhnächten ist, so wird es also auch in den zwölf Monaten des neuen Jahres sein, wobei die erste Rauhnacht dem Januar, die zweite dem Februar entspricht und so fort.

➤ Vielleicht wollen Sie herausfinden, ob das wirklich stimmt? Dann notieren Sie doch einfach das Wetter pro Rauhnachtstag – und schauen Sie, was passiert …

Weitere Bräuche und Rituale

★ In der Natur sind die Rauhnächte eine Zeit des Stillstands – entsprechend sollen Spinnräder stillstehen, und auch im übertragenen Sinne sollte auf das »Spinnen«, sprich Grübeln, verzichtet werden.

★ Die Stuben und Ställe werden mit Weihrauch geräuchert und mit Weihwasser gesegnet.

- In den Zwölften müssen neue Besen gebunden werden, da sie vor Hexerei schützen. Wird das Vieh im Frühjahr das erste Mal auf die Weide geführt, so legt man einen dieser Besen auf die Schwelle, denn wenn das Vieh darübergeht, wird ihm im kommenden Jahr nichts Böses widerfahren.
- Die Rauhnächte sind nicht nur heilige, sondern auch heilende Nächte. Die Wirkung von Heilkräutern und Medizin ist in dieser Zeit besonders groß. Dasselbe gilt für Heilanwendungen aller Art.
- Begegnet man in den Rauhnächten fremden Menschen, so können diese Begegnungen eine besondere Bedeutung für die Zukunft haben.
- Zu den Orten, denen magische Kräfte zugesprochen werden, gehören Wegkreuzungen, insbesondere, wenn diese in Wäldern liegen. Unverheiratete Frauen begeben sich in der Rauhnacht um Mitternacht an eine Wegkreuzung, um dort ihrem zukünftigen Bräutigam zu begegnen.
- Kerzen, die bei Einbruch der Dunkelheit auf den Fensterbrettern aufgestellt werden, vertreiben böse Geister, während gute angelockt werden.
- Wenn man die Hühner in den Rauhnächten mit Erbsen füttert, werden sie viele Eier legen.
- Bettler und Bedürftige darf man in den Zwölften nie abweisen, sondern man soll sie in die Stube bitten und ihnen Speisen und Getränke reichen.

Bauernregeln für die Rauhnächte

25.12. »Ist die Weihnacht hell und klar, hofft man auf ein fruchtbar Jahr.«

26.12. »Windstill muss St. Stephan sein, soll der nächste Wein gedeih'n.«

27.12. »Hat der Evangelist Johannes Eis, dann macht es der Täufer Johannes (24. Juni) heiß.«

28.12. »Schneit's an Unschuldige Kindl, fährt der Jänner in die Schindel.«

29.12. »Wie das Wetter sich heute zeigt, bringt es wieder die Maienzeit.«

30.12. »Scheint am Felixtag die Sonne, ist es für das Obst die Wonne.«

31.12. »Silvesterwind und Sonnenschein – vergebens die Hoffnung auf Korn und Wein.«

01.01. »Am Neujahrstage Sonnenschein, lässt das Jahr uns fruchtbar sein.«

02.01. »Wie der Basilius, so der September.«

03.01. »Bringt Genoveva Sturm und Wind, so ist die Waltraud (9. April) meist gelind.«

04.01. »Makarius das Wetter prophezeit für die ganze Erntezeit.«

05.01. »Scheint die Sonn am Tag vor Dreikönig, wird der Nebel viel, nicht wenig.«

Zeit des Neubeginns

Das Fest der Heiligen Drei Könige

Nun sind die Rauhnächte vorbei. Und die Heiligen Drei Könige kommen. Sicher kennen Sie die aus der Weihnachtsgeschichte. »Als Jesus nun geboren war, da kamen drei Weise aus dem Morgenland nach Jerusalem …«
Und da haben wir gleich die erste Frage: Könige oder Weise? Oder, wie es auch übersetzt wurde, »Sterndeuter«?
Ganz einfach: Schauen wir doch mal in die Bibel. Am besten ins griechische Original. Und was lesen wir da bei Matthäus? »Magier.« Nicht einmal, dass es drei waren, steht dort. Die »Könige«, »drei« und »Caspar, Melchior und Balthasar« kamen

erst viel später. Also, sie kamen laut Matthäus schon rechtzeitig zur Geburt Jesu. Aber die Einzelheiten kamen erst ab dem 3. Jahrhundert dazu. Und die Namen der drei wurden zum ersten Mal im 6. Jahrhundert erwähnt.
Das Weihnachtsfest und seine Legenden sind wie alle großen Feste und ihre Legenden nicht wortwörtlich zu nehmen. Alles, was die Erzählungen sagen, hat eine tiefe symbolische Bedeutung – es ist also nicht wie bei einem Dokumentarfilm oder einer wissenschaftlichen Arbeit. Und das ist durchaus kein Mangel oder Nachteil! Durch die Symbolik, die Bedeutung, die unser Herz versteht, wird viel mehr gesagt, als es eine trockene Erzählung oder ein sachlicher Bericht vermag.
Es ist wichtig, das zu verstehen, wenn man die tiefe Bedeutung der Erzählung verstehen will.

Die Legende von den drei Weisen

Der Legende nach gab es also im Osten, das heißt wohl Persien, Weise, die die Sterne beobachteten und deuteten. Eines Tages fiel ihnen ein besonderer Stern auf, und sie erkannten, dass ein großes, weltbewegendes Ereignis bevorstand: Der spirituelle König der Welt würde geboren werden – und der Stern wies den Weg.
Also machen sich Melchior, ein Greis, Caspar, ein junger Mann, und Balthasar, ein reifer Mann, auf den Weg, um dem

großen Ereignis beizuwohnen und dem König zu huldigen. Als sie nach Jerusalem kommen, begegnen sie dem König Herodes, der sehr erschrickt über die Nachricht, dass ein neuer König geboren werden soll – und er befiehlt den drei Weisen, dass sie ihm genau berichten, wo das Kind zu finden sei. Er plant damals bereits den Kindermord zu Bethlehem.

Die Weisen folgen weiterhin dem Stern und kommen nach Bethlehem, finden Jesus und bringen ihm ihre Gaben dar: »Gold dem großen König, Weihrauch dem wahren Gott und Myrrhe für sein Begräbnis.«

Dann ziehen sie ab. Vermutlich in ihre Heimat. Sie haben ihre Aufgabe erledigt, und man hört in der Bibel nichts mehr von ihnen; nur noch, dass sie Jesus nicht verraten und nach einer Warnung durch einen Traum einen Umweg machen, um Herodes zu vermeiden. Auch Josef wird von Gott im Traum gewarnt und flieht mit Maria und dem Kind nach Ägypten.

Herodes aber merkt schnell, dass ihn die Weisen aus dem Morgenland getäuscht haben, wird ängstlich und wütend und befiehlt, in Bethlehem und der ganzen Umgebung alle Knaben bis zum Alter von zwei Jahren zu töten. Daran erinnert der »Tag der unschuldigen Kinder« am 28. Dezember, der im letzten Kapitel bei den Bauernregeln erwähnt wurde.

Die griechische Liturgie sprach von 14 000 ermordeten Kindern. Im Mittelalter hieß es schon, dass es 144 000 Opfer waren. Später, nachdem sich die wissenschaftliche Methode verbreitete, wurde der Massenmord etwas verkleinert. Bethlehem war zu biblischen Zeiten ein eher kleiner Ort. Und so blieben von über 100 000 Opfern nur noch sechs erschlagene Kinder übrig – schlimm genug. Aber eben doch ein wenig besser als die früheren Gruselgeschichten. Beruhigend ist überdies, dass die meisten heutigen Bibelforscher das ganze Ereignis ohnehin für eine Erfindung halten.

Die Heiligen Drei Könige – nur ein Märchen? Nichts gegen Märchen. Doch hier steckt mehr dahinter. Es sind Könige: Die Mächtigen beugen sich vor dem Gottessohn. Sie kommen aus der Ferne: Es handelt sich um ein weltbewegendes Ereignis. Ein Greis, ein Mann im besten Alter und ein junger Mann: Das Geschehen berührt jeden Aspekt des Lebens.

Beliebte Dreikönigsbräuche

Geschichtliche Tatsachen und Legenden finde ich sehr interessant – für das Fest sind sie freilich erst einmal unwichtig. Wir feiern heute den »Dreikönigstag« oder »Heilige Drei Könige« eben als ein Fest, das seine Traditionen und Gebräuche hat. Der wichtigste davon ist wohl das Sternsingen.

Die Sternsinger und ihr Haussegen

Das Sternsingen hat eine lange Tradition in der römisch-katholischen und der alt-katholischen Kirche. Schon 1541, so beweisen Aufzeichnungen des Klosters St. Peter, gab es in Salzburg ein Sternsingen. Der Brauch verbreitete sich rasch in

Österreich und Bayern. Sternsinger zu sein war eine besondere Ehre, die nur bestimmten Berufsgruppen erlaubt war. Aber das waren nicht überall dieselben. In München, genauer gesagt in der Au, waren es die Maurer, in Freising die Leinweber und an anderen Orten wieder andere.

Dann waren es immer mehr die Kinder, vor allem solche armer Familien, die zwischen Weihnachten und Heilige Drei Könige von Haus zu Haus gingen, Lieder sangen und dafür Naturalien und manchmal sogar ein wenig Geld für sich und ihre Familien sammelten. Für was die Familien dann das Geld nutzten, war nicht immer ganz klar. Jedenfalls wurde das Sternsingen 1784 per königlich-bayerischem Erlass verboten – immer öfter landeten die gesammelten Spenden nämlich in den Wirtshäusern. Das Singen war dann auch, je später es wurde, immer mehr ein Grölen. Also verbot's die Obrigkeit. Das hielt den Brauch nicht davon ab, weiter zu bestehen.

Heutzutage geht es, gerade in Deutschland, beim Sternsingen sehr ordentlich und gesittet zu. Die Sternsinger werden von ihrer Pfarrgemeinde ganz offiziell ausgesandt.

Wenn man den – als die Heiligen Drei Könige verkleideten – Sternsingern die Tür öffnet, singen sie einem Lieder vor, sprechen Segenswünsche oder Gedichte. Und sie schreiben an die Haustür oder den Türbalken C+M+B. Mit vom Pfarrer geweihter Kreide! Und was heißt das? Etwa Caspar, Melchior und Balthasar? Sind es die Namen der drei heiligen Sterngucker? Ja, das auch. Aber es gibt noch eine weitere Bedeutung. Es kann nämlich auch für »Christus Mansionem Benedicat«

stehen – »Christus segne dieses Haus«. Das soll das Haus vor Unglück schützen. Und das ist ja wohl eine kleine Geld- oder Naturalienspende wert!
Heute sammeln die Sternsinger auch in aller Regel nicht für sich selbst, sondern im Auftrag ihrer Kirchengemeinde für einen guten Zweck. Im Wirtshaus landet die Spende heute eher nicht mehr.

Dreikönigsbier

Das »Stärk' otrinka« (zu hochdeutsch »Stärke antrinken«) ist ein sehr alter Brauch in Bayern. Es ist eigentlich ein Neujahrsbrauch. Neujahr ist ja nun aber eine Woche vorher, oder? Ja, heute schon. Dass dieses Trinkritual am Vorabend des 6. Januar stattfindet, geht auf uralte vorchristliche Zeiten zurück. Im bayerischen Volksglauben beginnt das Jahr erst wirklich nach den Rauhnächten. Also am 6. Januar.
Die »Stärk'«, die man sich mit dem Bier antrinken will, ist die Kraft, die man für die unbekannten Ereignisse, gute wie schlechte, des folgenden Jahres gut brauchen kann. Für die Brauereien, die zu diesem Anlass sogar ein spezielles Starkbier brauen, ist es auf jeden Fall schon einmal ein guter Beginn des neuen Jahres, wenn viel Bier getrunken wird …

Bauernregeln

»Ist bis Dreikönig kein Winter, folgt keiner dahinter.«
»Dreikönigsabend hell und fein, verspricht ein gutes Jahr für'n Wein.«

DIE HEILIGEN DREI KÖNIGE

von August Wilhelm Schlegel

Aus fernen Landen kommen wir gezogen;
nach Weisheit strebten wir seit langen Jahren,
doch wandern wir in unsern Silberhaaren.
Ein schöner Stern ist vor uns hergeflogen.

Nun steht er winkend still am Himmelsbogen:
Den Fürsten Juda's muss dies Haus bewahren.
Was hast du, kleines Bethlehem, erfahren?
Dir ist der Herr vor allen hochgewogen.

Holdselig Kind, lass auf den Knien dich grüßen!
Womit die Sonne unsre Heimat segnet,
das bringen wir, obschon geringe Gaben.
Gold, Weihrauch, Myrrhen liegen dir zu Füßen;
die Weisheit ist uns sichtbarlich begegnet,
willst du uns nur mit einem Blicke laben.

DIE HEILGEN DREI KÖNIG'

Die Heilgen Drei König' mit ihrigem Stern,
die kommen gegangen, ihr Frauen und Herrn.
Der Stern gab ihnen den Schein;
ein neues Jahr geht uns herein.

Die Heilgen Drei König' mit ihrigem Stern,
sie bringen dem Kindlein das Opfer so gern.
Sie reisen in schneller Eil'
in dreizehn Tag vierhundert Meil'.

Die Heilgen Drei König' mit ihrigem Stern
knien nieder und ehren das Kindlein, den Herrn.
Ein' selige, fröhliche Zeit
verleih uns Gott im Himmelreich!

Das ist ein altes Lied aus Oberbayern. Wer's geschrieben hat, weiß keiner mehr. Ich habe dies Lied schon als Kind gehört. Da war aber der Text ein anderer. Ich habe nun mal ein wenig gesucht und bin auch fündig geworden. So haben wir es damals ungefähr gesungen – aber mit noch viel mehr Strophen …

Die Heiling Dreikini mit ihrigem Stern
will i enk besinga, ihr Frauen und Herrn.
Ihr Stern gab allen den Schein,
ein neues Jahr geht uns herein.

Sie zogen linksum an König Herodes sei Haus,
da schaut der Kalfakter zum Guckerl heraus.
»Herein, kommts ihr Leidl, herein!«
Der Stern geit eana den Schein.

Sobald als sie kamen zum Falltor hinaus,
guckt wieder der Stern aus der Wolkn heraus
und führt sie hinab auf das Mösl,
ins Kripperl zum Ochsn und Esl.

Text und Musik: anonym

Ein frohes, gesegnetes Fest euch allen!

Nun ist das Buch zu Ende. Ich hätte noch viel, viel mehr zu unserem schönsten Fest des Jahres schreiben können – doch mein Verlag wollte nun einmal kein Buch mit 500 oder mehr Seiten … Vielleicht ist das auch ganz gut so.

Ich hoffe, dies Büchlein zu lesen hat Ihnen ein wenig Freude gemacht. Noch schöner ist es, wenn Sie außer der Freude auch ein paar neue, interessante Dinge kennengelernt und Anregungen zur Gestaltung der Weihnachtszeit bekommen haben. Dann bin ich zufrieden.

Mir hat es sehr viel Freude gemacht, dieses Buch zu schreiben. Schon allein deshalb, weil es viele alte Erinnerungen in mir wachgerufen hat, und oft dachte ich, wie es ja manche alte Menschen denken: »Früher war alles besser …« Aber ich weiß sehr wohl: Das war es natürlich nicht. Denn jede Zeit hat ihre eigenen schönen und weniger schönen Aspekte. Und schließlich sind es wir selbst, die unsere Zeit gestalten.

Bewahren wir die Traditionen, das Wissen unserer Vorfahren – und geben wir ihnen eine neue Form, die das Alte nicht zerstört. Reichen wir das Feuer weiter, anstatt die Asche aufzubewahren!

Ich wünschen Ihnen von ganzem Herzen alles Gute und eine frohe, friedliche, fröhliche, gesegnete Weihnachtszeit!

Ihr Kirschgruber Valentin